Christian August Pescheck

Liebe und Ehe in der Narrenkappe und im Philosophenmantel

Christian August Pescheck

Liebe und Ehe in der Narrenkappe und im Philosophenmantel

ISBN/EAN: 9783742808639

Hergestellt in Europa, USA, Kanada, Australien, Japan

Cover: Foto ©Klaus-Uwe Gerhardt /pixelio.de

Manufactured and distributed by brebook publishing software (www.brebook.com)

Christian August Pescheck

Liebe und Ehe in der Narrenkappe und im Philosophenmantel

Liebe und Ehe
in der
Narrenkappe
und im
Philosophenmantel.

Von
einem Greise.

Ehel rechte, dein oder mein Leben!

Breßlau, Brieg und Leipzig,
bey Christian Friedrich Gutsch. 1786.

Vorbericht.

Es ist eine schwere Sache, sich selbst erkennen, und eine große Schwachheit, andre ohne Selbsterkenntniß tadeln! Vielleicht ist solch ein Vorwurf der Lohn für meine Arbeit, bey jenem Theile des Publikums, welcher so ungern das Gepräge der Wahrheit öffentlich abgedruckt findet. Allein ich glaube diesen möglichen Vorwurf am bescheidensten von mir abzulehnen, wenn ich versichere, daß diese Arbeit nicht ohne großen Nutzen für mich selbst gewesen ist, daß ich mein eigenes Herz hundertmal dabey geprüfet, ja daß ich sogar viele Bemerkungen, von meinen eigenen in jüngern Jahren begangenen Thorheiten hergeleitet habe. Dies öffentliche Geständniß wird mich hoffentlich für allen Vorwürfen sichern, als hätte ich nur, stolz auf selbst eingebildete Tugend, das ganze übrige Menschengeschlecht an den Pranger stellen wollen. Auch hab' ich der Tugend allemal da, wo es mein Plan mit sich brachte, das Wort geredet.

Ueber Liebe und Ehe ist in Teutschland schon unzähligemal geschrieben worden, aber noch nie hab' ich die einzelnen Stände in der Liebe, auf diese Art eingetheilt, geschildert gefunden, welche Eintheilung doch, meines Erachtens, die sicherste ist, nichts zu vergessen. Auch über die Ehe hat man sich noch nie so einzeln ausgebreitet, sie noch nie so in jeder Lebensscene besonders betrachtet. Dies bewog mich beydes, einmal auf eine aphoristische Art von zwey Dingen zu reden, welche die wichtigsten Epoquen unseres Lebens ausmachen.

Ferner finde ich für nöthig, voraus zu erinnern, daß ich unter dem Worte Liebe nicht etwa nur jene sanfte und feinere Empfindung verstehe, die in unserm Herzen nur eine Art von schmachtendem Wohlbehagen erzeuget, und die den Dichtern so heilig

Vorbericht.

heilig ist. Nein! ich rede hier von der Geschlechtsliebe überhaupt, von jener magnetischen Urkraft, welche die zwey Geschlechter unaufhörlich aneinander fesselt, und welche die Seele zwar durch Mittheilung, aber ursprünglich nur die Sinne beschäftigt. Kurz: es ist Liebe, wenn wir anfangen für das andere Geschlecht zu empfinden; Liebe, wenn wir uns nach seinem wirklichen Genuß sehnen; Liebe, wenn wir den höchsten Genuß in jeder Art, der sinnlichen und der sogenannten geistigen Liebe, erreicht haben. Tausend zärtliche Leidenschaften entspringen aus der Liebe. Laßt uns sie alle nach ihrer Aeltermutter benennen.

Als ich das Büchlein anfieng, war es meine völlige Absicht, launicht zu schreiben, und mit leichten Scherzen belehrende Wahrheiten vorzutragen. Allein oft gerieth ich unvermerkt in den Ton des Ernstes, und weil sich meine Seele nun einmal mehr zum Ernst lenkte, so ließ ich sie fortwandeln auf ihrer Laufbahn, denn sie gewöhnt sich ungern, Fesseln zu tragen.

Vorbericht.

Zuletzt muß ich auch noch eine Bitte an die Kunstrichter beyfügen. Sie ist um Eintracht in ihrer Beurtheilung. Nur denn wird mich ihr Lob oder Tadel rühren, wenn es einstimmig ist, beydes mir gleichgültig seyn, so bald ich Widerspruch finde. Die Verschiedenheit im Urtheil über ein Buch rührt, glaub' ich, daher, weil man mehr über Einzelheiten, als über das Ganze zu urtheilen gewohnt ist. Seyd doch billiger gegen das Publikum, Lieben Freunde, und setzt es nicht in solche Verlegenheit, ob es kaufen und lesen soll oder nicht. Fern sey von Euern Richtersprüchen Nachläßigkeit und Partheylichkeit! Und nun erhebet Euch, und macht zu einem einstimmigen Tadel mit meinem Büchlein den Anfang. Geschrieben in der Ostermesse, 1786.

Erster

Erster Theil.

Ueber
die Liebe.

Erstes Kapitel.
Von der Liebe überhaupt.

Sammle dich, mein Geist, aus deinen Zerstreuungen, und suche die Einsamkeit auf, daß du geschickt werdest, von Liebe und Ehe zu reden. Laß um dich her Legionen im Gewühl der Wolluft und des geselligen Vergnügens taumeln. Laß der Jugend die Freuden der Liebe genießen, indeß du darüber nachdenkest. Strenge dich an, alter Graukopf, und laß dein Gedächtniß die verfloßnen Jünglings- und Männerjahre in deine Seele zurückrufen. — Aber was wagst du, in diesen Zeiten des Leichtsinns und der Sinnlichkeit, du, am Abend deiner Tage, und mit einem Fuß in der Grube? Siehst du nicht die Legionen von bunten, wohlriechenden Stutzern, die dich mitleidig angaffen? nicht die Tausende von gutwilligen Weibern, die das Schicksal für dich um Rache flehen? nicht die zahllosen Hörnerträger, denen du den Flor vom Auge zu ziehen suchest und dadurch ihre Ruhe raubest? nicht die religiösen Heuchler, die dir für der Welt Recht geben, aber dich in ihrem Herzen verdammen? O kühner Mann, du mußt mit Ungeheurn kämpfen, auf Dörner wandeln und Labyrinthe sind deine Pfade! — Doch, die Wahrheit sey deine Führerin. Sey du stolz auf ihren Schutz, und achte des partheyischen Unwillens nicht, der auf dich losstürmet. Die Wahrheit ist bitter dem Thoren; süß ist sie dem Weisen!

Liebe wars, die die Welt schuf; Liebe, die uns allen unser Daseyn gab; Liebe, die in uns webt und unser Herz zu hohen Empfindungen stimmet. Nur Leichtsinn und Thorheit haben dies vom Himmel entlehnte Gefühl dem Mißbrauch Preiß gegeben, ja sie würdigen es bis zur Reihe der Laster herab. Oder, besser gesagt, sie haben es ganz umgewandelt, ganz verscheucht, und nennen das, was sie an seine Stelle gesetzt haben, noch immer mit seinem geheiligten Nahmen. Der Wollüstling sagt, er liebe die Weiber, und möchte doch sagen, er hasse sie, weil er grausam genung ist, sie zu verführen. Der Falsche spricht von Freunden, die er liebt, und meints doch mit niemand redlich. Der Fürst sagt in jedem Befehle, er sey seinen Unterthanen gewogen, er sey ihr Vater, und doch sind so manche seiner Befehle Eigennutz, Stolz oder Tyranney. Eltern glauben ihre
Kinder

Kinder zu lieben, wenn sie sie verzärteln. Lehrer ziehen ihre Zöglinge aus Liebe mit Stockschlägen, und schändlichen Schmähworten. Priester drohen uns aus Christlicher Liebe unaufhörlich mit Elend auf Erden, und Verdammniß nach dem Tode. Wir selbst, unglückselige Täuschung! wir selbst wähnen uns zu lieben, indeß wir Affen sind, unsern Thorheiten schmeicheln, und in unser Verderben galoppiren.

O lernt, meine Brüder, die Wahrheit vom Irrthum unterscheiden, und tappt nicht leichtsinnig im Finstern. Nehmet eine Fackel, wenns euch die Lampe nicht hell genung macht! Die Wahrheit ist sehr theuer, sie kostet ein unglaubliches Maas von Zeit und von Mühe, aber sie ist euch auch bis an das Ende eurer Tage brauchbar, wenn Ihr sie einmal erkauft habt. Sie durchdringt den kleinsten Punkt eures Wesens und besteht durch sich selbst.

Aber es ist Zeit, daß ich den Weg zu laufen anfange, den ich mir ausersehen habe. Er ist steil und mühsam, und erinnert mich daher, alle Nebenpfade zu fliehen. Ich werde in diesem Buche nur allein von derjenigen Liebe handeln, die zwischen dem männlichen und weiblichen Geschlechte statt findet und sich durch mancherley Eigenheiten von der Liebe der Verwandtschafe und der Freundschaft, noch unendlich deutlicher von der Liebe gegen das höchste Wesen unterscheidet. Auch dies Gefühl,

ich

ich meyne die Liebe der verschiedenen Geschlechter gegeneinander ist gut und wie sie aus der Hand der Natur kommt, tadelfrey. Sie ist die Gebieterin unseres Daseyns, die Verschönerung des geselligen Lebens, der Urquell von tausend Freuden, oft das Freundschaftsband großer Reiche, und eben so oft die Triebfeder zu großen und erhabenen Handlungen. Glaubt, meine Freunde, daß ich nicht schwatze, wie der Blinde von der Farbe, ob ich gleich alt bin. Ich kenne meinen Gegenstand, kenn' ihn aus eigner Erfahrung, habe geliebt als Jüngling und als Mann, habe die Schwachheiten und die Thorheiten, zu denen diese Liebe führen kann, kennen gelernt; aber ich habe die Holde auch in ihrer Schöne gesehen, und geschmecket den Freudenbecher, den sie der Sterblichkeit einflößt. Silhouetten gegen dem getroffenen Portrait sind alle andere menschliche Freuden gegen den Freuden der Liebe; aber auch Nadelstiche gegen den Dolchstich sind alle andere menschliche Leiden gegen den Leiden der Liebe. Und die Liebe sonst immer nur den Jünglings- und Männerjahren beygelegt, ist, genau untersucht, fast jedem Alter eigen, ich nehme die früheste Kindheit und das schon wirklich starre Greisalter aus. Ich getraue mir zu behaupten, daß es achtjährige Kinder giebt, die schon den Unterschied der Geschlechter fühlen. Und wem ist unbekannt, daß auch das hohe Alter nicht immer für der Thorheit schützt? Mit Recht sag' ich hier Thor-

heit;

heit, denn die Geschlechtsliebe im 70sten oder 80sten Jahre sieht läppisch aus, und ist in jedem Betracht fruchtlos.

Ueber diese und alle hieher gehörende Gegenstände werd' ich mich in den folgenden Kapiteln weiter ausbreiten. Erlaubet mir aber, daß ich keiner ängstlichen und pedantischen Ordnung folge, sondern meinen alten Kopf nach seinen Empfindungen ungestört arbeiten lasse. Vergönnt mir Worte des Ernstes und des Scherzes, und ertappt ihr mich einmal auf einem Irrthum, so bedenket, daß ich euer Bruder bin, der sich der fehlenden Menschheit nicht schämt, und im Alter wie in seiner Jugend immer bereit ist, Lehre und Zurechtweisung anzunehmen.

Zweytes Kapitel.
Die Geschlechtsliebe ist eigentlich nur ein Werk der Sinne.

Daß die Geschlechtsliebe an und für sich nur sinnlich sey, wird niemand leugnen, der in seinem Leben nur einmal unbefangen über sie nachgedacht hat. Zwar theilt sie der Königin unserer Nerven, der Seele, eine feurige Freundschaft für den Gegenstand

stand vom andern Geschlecht mit, der auf unsre Sinne bleibenden Eindruck gemacht hat. Aber daß die Wertherianer, Siegwartianer und Consorten, aus der Liebe zwischen ein paar empfindsamen jungen Leuten nun geradezu ein Produkt der Seele und eine Engelsliebe machen wollen, das kommt mir übertrieben und abergläubisch vor. Denn erstlich wüsten wir arme Würmer noch gar nicht, was eigentlich die Engel für Geschöpfe sind, obgleich unsre Gottesgelehrten sie nach allen Regeln der biblischen Philosophie definiren, auch der begeisterte Klopstock sie alle haarklein beschrieben, ja sogar ihre Biographien aufgezeichnet hat. Wir können daher ihre Gefühle nicht bestimmen, und mithin noch weniger einen Uebergang oder eine Vergleichung zwischen den Empfindungen der Engel und der Menschen anstellen. Zweytens ist es auch gar nicht nothwendig, gar kein Vorzug, daß wir die Hauptwirkung der Sinne in diesem Falle leugnen, und im Gesetz der Natur zu einer willkührlichen Handlung der freyen Seele machen wollen. Als Gott unserm Urvater Adam ein Weib gab, so freuete sich dieser voll zärtlicher Regungen und schämte sich nicht zu sagen: Das ist doch Bein von meinem Bein und Fleisch von meinem Fleisch. Er kennte ihr Inneres, ihre Geistesvorzüge noch gar nicht, hatte noch nie mit ihr gesprochen, und doch brannte sein Herz für sie, denn ihre ganze Gestalt schmeichelte seinen Sinnen und theilte seinen Nerven den eine ganz neue noch ungewohnte Empfindung mit. Warum wollen Adams Kinder der Seele zueignen, was auf die Rechnung der Sinne gehet, und erst durch sie der Seele mitgetheilt wird? Es entsteht aus diesem unrichtigen Grundsatze eine Art von Sicherheit, die uns oft sehr nachtheilig werden kann. Wir glauben vielleicht überzeugt zu seyn, daß unser Herz gut ist, geben es allzuoft der Gefahr der Einsamkeit mit dem andern Geschlecht Preis, werden überrascht und fallen. Hätten wir unsern Feind gekannt, hätten wir uns selbst eingeräumt, daß unsre Sinnen mächtige Despoten sind, die nur allzuoft unsre freye Seele, sonst ihre Königin, unterjochen, wir wären auf unserer Hut gewesen, wir hätten von dem Freudenbecher der Liebe getrunken, aber ihn nicht ausgeleeret. — Doch, was ist Fallen zwischen Treuliebenden, und warum den Freudenbecher der Liebe ausleeren, ein Vergehen? — Ich werde an einem andern Orte Gelegenheit haben von den wahren und falschen Begriffen von Ehre und Tugend in der Liebe zu handeln. Jetzt aber will ich eine kurze Zärtlichkeitsgeschichte erzählen, die sich auf Wahrheit gründet, und meine Behauptung einigermaßen zu beweisen scheint, daß die allzuheiligen und schwärmerischen Begriffe von der Geschlechtsliebe oft zu einer Nachtheil bringenden Sicherheit verleiten.

„Wilhelm von Hartenwald, ein Herzensguter
„Junge, und wider die Gewohnheit des mehresten
„Adels,

„Adels, ein sehr eifriger Verehrer seiner Religion, fühlte in seinem achtzehnten Jahre schon sehr lebhaft, daß Evens Enkelinnen nichts weniger als entbehrliche Geschöpfe für die Männer sind. Noch von keinem Mädchen einzeln bezaubert, und zum herumschwärmen zu tugendhaft, — vielleicht auch zu furchtsam, — ward er ein Hase, der, in sich selbst verliebt, schöne Kleider, Galanteriewaaren, Parfüme und zärtliche Schriften anbetete. Mit diesen Empfindungen trat er in die Gesellschaften auf, und lebte lange mit einem ruhigen Herzen."

„Plötzlich überraschte ihn eine Scene, die die Ruhe seines Herzens ins Grab warf. Einer seiner ältern Freunde, Friedrich von Wartenhausen, kam von seinen Reisen zurück, und brachte sich eine Frau mit, eine liebenswürdige junge Engländerin, voll Geist und Leben, und schön wie Hebe. Hartenwald sah sie, — und weg war seine Selbstliebe, weg seine Süßigkeit, weg seine Ruhe. Dies konnten ihm sogleich Beweise seyn, daß er die junge Dame liebte. Zwar gestand er sichs selbst nicht, er hielt es für unmöglich, aber sein Herz überzeugte ihn immer mehr und mehr von der Wahrheit; und bald war er auf dem schlüpfrigen Wege, die Sache mit einem nachsichtsvollen Auge zu beurtheilen. Er suchte sein Herz zu überreden, daß es nur Seelenliebe und Sympathie sey, was er für Elisabethen empfand.

„empfand. Dies machte ihn sicherer. Er floh
„den Umgang der jungen Dame nicht, wie es doch
„die Klugheit von ihm heischte. Vielmehr suchte
„er ihn auf, und rechnete das Wohlbehagen, das
„er in ihrem Umgange empfand, auf die Ueberein-
„stimmung ihrer Seelen. Aber die Sinne wa-
„ren nicht so uneigennützig und gleichgültig dabey,
„als er sich selbst zu überreden suchte, sie lagen nur
„in einem tückischen Schlummer. Es fehlte nichts
„weiter, als daß Elisabeth auch für ihn Feuer fieng.
„Und bey den Reitzen der Jugend, der schönen
„Bildung und der guten Erziehung, noch mehr,
„bey dem unermüdeten Eifer, mit welchem Har-
„tenwald die Engländerin, die, wie alle ihre
„Landsmänninnen, sich so gern von der Demuth
„und Dienstfertigkeit der Männer schmeicheln ließ,
„unaufhörlich an sich lockte, könnt' es wohl nicht
„fehlen, daß auch in Elisabeths Busen der brenn-
„bare Zunder zu glimmen begann."

„Nunmehr war die Bahn zum Verderben an-
„getreten. Zärtliche Blicke begegneten zärtlichen
„Blicken, und sanken verstohlen in den Liebe ath-
„menden Busen. Wilhelm kam fast nie mehr von
„Friedrichs Landgute hinweg: Er führte Elisabe-
„chen spatzieren, er fuhr mit ihr nach der Kirche,
„er begleitete sie in die Gesellschaft, und kaum sah
„man sie am Nachttische allein mit ihrer Zofe,
„ohne den getreuen Schatten. Hartenwald kannte

„kein

„kein Vergnügen mehr, als das in ihrer Gesell-
„schaft. Er war nicht mehr in sich selbst verliebt,
„auch waren ihm alle andern vom weiblichen Ge-
„schlechte verhaßt. Er beschenkte Elisabethen un-
„aufhörlich, verschrieb ihr alle neumodische Galan-
„teriewaaren, beschenkte auch ihren Gemahl, als
„seinen Freund, oftmals, und dieser sah unausge-
„setzt in seinem Hartenwald seinen alten braven
„Freund. Nur die liebenswürdigen Geweihe,
„womit ihn dieser beschenkt hatte, waren für seinen
„Augen verborgen. Die ganze Gegend flüsterte
„sich ins Ohr, daß Wartenhausen Hörner trage,
„nur ihm verschwieg mans, und er selbst ward es
„nicht inne. Alle die jungen Fräuleins, die auf
„irgend eine Art auf Hartenwalds Liebe Ansprüche
„zu machen gehabt hatten, fühlten sich voll Rach-
„sucht betrogen, und erhoben ihre weiblichen
„Schlangenzungen, die ganze umliegende Gegend
„zum Spott aufzufordern. Aber der arme War-
„tenhausen wuste nichts von alle dem, war blind,
„ruhig und vergnügt, und für seine Gattin der
„zärtlichste Gemahl."

„Bey dieser Lage der Dinge ward unser Pär-
„chen, wie leicht zu erachten, immer sicherer und
„zwangloser. Aus Schüchternheit ward Unvor-
„sichtigkeit, aus Furcht ward Kühnheit. Nicht
„mehr nur lüsterne Blicke, nicht mehr nur Hände-
„druck waren die augenscheinlichen Beweise ihrer

„gegen-

„gegenseitigen Liebe. Geheimere Zärtlichkeit sprach
„aus ihren Blicken, Begierde glühte auf ihren
„Wangen, und hundert dunkle Plätze im Walde
„zeugten von Elisabethens und Wilhelms feurigen
„Küssen. Der Jüngling ahndete noch nichts von
„dem Verbrechen, das er begieng. Er erlaubte
„sich alle diese Dinge, die sein Herz Kleinigkeiten
„nannte, glaubte dabey tugendhaft zu seyn, weil
„er die Armen beschenkte, und niemand leid that,
„gab seinen Begierden immer mehr nach, und so
„schien ihm das durch die Länge der Zeit zu einer
„beträchtlichen Größe herangewachsene Vergehen
„noch kein Vergehen, da ers, auf einmal in dieser
„Größe erblickt und erkannt, für ein kolossalisches
„Verbrechen würde gehalten haben. Sicherheit
„kommt immer vor dem Falle. Mit der Geliebten
„im heiligen Mondschein sitzen, über die Natur
„sich freuen, Thränen der Liebe vergießen, also
„weinend an der Holden Busen sinken, seinen Lie-
„beathmenden Wohlgeruch einsaugen und sicher
„seyn, und nicht bedenken, daß die Sinne Schälke
„sind, das ist gefährlich, o Jüngling, das ist ge-
„fährlich! — und lasterhaft, wenn sie nicht die
„Deinige, sondern die Gattin eines Andern ist!"

„Wartenhausen fieng endlich an Unrath zu
„merken. Zuviel Zutrauen zu der Redlichkeit sei-
„nes Freundes hatte sein Auge bisher verschlossen.
„Aber nun, als es auf einmal sich öfnete, und ihm
„die

„die Vertraulichkeit fast zu groß dünkte, so über=
„legt' er auch, daß die Freundschaft ein Werk der
„schwachen menschlichen Gesinnungen ist, und,
„wie tausend Beyspiele lehren, leicht einer der Sinn=
„lichkeit schmeichelnden Neigung aufgeopfert wer=
„den kann. Dennoch zu großmüthig, ohne ge=
„wisse Ueberzeugung zu verurtheilen, ließ er sich
„seinen Unwillen, nur durch Zurückhaltung blicken,
„und ward aufmerksam und nachdenkend. Schon
„dies hätten die strafbar Liebenden merken, in sich
„gehen, und durch schnelle Trennung das Herz des
„Gatten und Freundes schonen können. Aber ver=
„gebens! Verblendet giengen sie ihre Laufbahn
„fort. Schon loderte die unerlaubteste Begierde
„in ihnen, und sehnte sich nach einem günstigen
„Zeitpunkt, in volle ungestörte Flammen ausbre=
„chen zu können."

„Das geöfnete Auge des betrogenen Gemahls
„drang immer tiefer in das Geheimniß, das schon
„längst aller Welt nicht mehr ein Geheimniß war.
„Er sah mit blutendem Herzen die von verbotener
„Lust entflammten Augen: Seine Seele ward un=
„gestüm und wüthend durch betrogenes Zutrauen.
„Er wollte gewiß seyn, und Elisabethen lieber auf
„einmal verlieren, als sie, nach abgekühlter Be=
„gierde, geschändet und treulos, wieder in seine
„Arme kommen lassen. Mein Kind, sprach er
„frostig, ich muß auf mein Landgut R***, um
„die

"die Rechnungen des Verwalters zu übernehmen.
"Willst du mit? — Elisabeth schwieg erröthend
"eine lange Weile, und schien unschlüßig. Auf
"nochmalige und noch frostigere Frage bat sie sich
"mit einem demüthigen Blick — das Gewissen
"schlug ihren Blick zu Boden — aus, daß sie zu
"Hause bleiben dürfe, indem ihr nicht ganz wohl
"sey. Friedrich sagte nichts darauf. Er ließ seine
"Bedienten einpacken, und fuhr am folgenden
"Morgen ab, nachdem er mit vieler Mühe seine
"Wangen zum Lächeln gezwungen, und von seiner
"Gemahlin einen freundlichen Abschied genommen
"hatte."

"Unterdessen hatte Wilhelm den elenden Kunst-
"griff gebraucht, und war noch den Abend vorher
"auch weggereiset, ohne sich von seinem Freunde
"zu beurlauben; indem er gegen die Bedienten
"im Hause vorgab, er habe jählig einen expressen
"Boten bekommen, daß er noch diese Nacht nach
"Hause eilen solle. Wartenhausen, der einmal
"mißtrauisch war, errieth diesen Kunstgriff bald,
"reiste ab, und wich in seinem Herzen nicht ein
"Haarbreit von seinen genommenen Maaßregeln."

"Kaum war der Hörnerträger weg, als der
"Galan, der sich gleich früh wieder auf den Weg
"gemacht hatte, im Schlosse anlangte. Hinter
"seinen Rücken machten die Bedienten Kreuze,
"zeigten einander höhnischlächelnd die Goldstücke,
"die

„die sie von ihm bekommen, legten ein Schloß an
„ihren Mund und zogen einen betrüglichen Flor
„über ihr halbsehendes Auge."

„Schüchtern, aber dennoch mit heißer Begier-
„de flogen die unrein Liebenden einander in die
„Arme. Also klimmt der gescheuchte Räuber noch
„einmal die Leiter hinan, allzulüstern nach dem ge-
„hoften Raube, und sich selbst überredend, als
„hätte nur die Furcht, nicht würkliche Nachstellung
„ihn hinweggescheucht. Auch verschwand nach
„und nach alle Schüchternheit. Hartenwald er-
„laubte sich alle Freyheiten, die nur dem Gemahl
„zukommen. Das Pärchen speißte ganz allein
„miteinander, berauschte sich bis zur sorglosen Frö-
„lichkeit der Seele im Weine, fuhr dann spatzie-
„ren, und kam erst am Abend, denn es war in den
„langen Sommertagen, wieder in die Burg zurück.
„Hier wartete ihrer aufs neue die niedlichste Abend-
„mahlzeit und Erfrischungen, und der allbelebende
„Saft der italienischen Traube. Unter Liebko-
„sungen und Freuden nahte die Nacht heran."

„Jetzt sollten sie sich trennen. Das kam
„Wilhelmen hart an. Er schien sich zu ermannen,
„er rang mit sich selbst, er küßte Elisabethen die
„Hand und nahm Abschied von ihr, ohne zu gehen.
„Sie, eben so ohnmächtig, hielt ihn mit feuer-
„vollen, vielverlangenden Blicken zurück. Nun
„dann, dachte Wilhelm bey sich selbst, noch diese
„einzige

„einzige Nachsicht für mein Herz, und dann auf
„einmal gesiegt. Ganz gewiß werd' ich stark ge-
„nung dazu seyn. Er dacht' es, und begleitete
„die junge Frau in ihr Schlafzimmer. Nun wollt'
„er siegen, nun wollt' er fort, und — blieb.
„Ohnmächtig sank er neben Elisabethen auf einen
„Sopha, ohnmächtig ruhte sein Mund in der
„Mitte ihres Busens, der eben anfieng seinen krie-
„gerischen Panzer zu verlassen. So allein, so un-
„bemerkt, so sicher für aller Verrätherey, sollt' es
„nicht Schwachheit seyn, diese Augenblicke ohne
„den höchsten Genuß der Liebe vorbeystreichen zu
„lassen? Was verliert im Grunde die Freundschaft
„dabey? —— Nur einmal — und dann nie
„wieder! — O Elisabeth! O Wilhelm! — und
„schon weinten die Engel um die gefallene Unschuld."

„Plötzlich öfnete sich die Thüre, und Warten-
„hausen stürzte herein. Aufgelößt in die süßesten
„Gefühle der Wollust lagen die Unglücklichen.
„Aber ein treffender Blitzstral deucht ihnen diese
„Ueberraschung. Wilhelm sprang auf und wollte
„entrinnen. Aber Friedrich hielt ihm den Degen
„vor und schrie: Ehebrecher, dein oder mein Le-
„ben! — Wilhelm wandte sich, riß das Fenster
„auf, sprang hinab und entkam ohne Verletzung.
„Elisabeth lag schon längst auf ihren Knien und
„zitterte wie die Missethäterin für dem Schwerdte
„des Richters. Dreymal hob Wartenhausen den
„Arm

„Arm in die Höhe, sie zu durchbohren, und drey-
„mal hielt ihn sein guter Engel zurück. Endlich
„ergriff er sie wüthend beym Arme und schleuderte
„sie zur Thüre hinaus. Sie schluchzte, sie zerrang
„ihre Hände, sie flehte unaufhörlich, ihr zu ver-
„zeihen. Aber Friedrichs Herz blieb versteinert.
„Müde ihrer stürmischen Bitten riß er die Thüre
„auf, stürzte bey ihr vorbey, die Treppe hinab,
„übergab seinem Verwalter, einem braven Manne,
„die Vollmacht über sein Gut, nebst dem unwider-
„ruflichen Befehle, Elisabethen aus dem Schlosse
„zu jagen, und warf sich in die noch vorgespannte
„Chaise. Die Elende rang noch mit Entschlossen-
„heit und Unentschlossenheit, ob sie ihm nacheilen,
„und noch einmal flehend seine Knie umfassen woll-
„te, als er schon zum Burgthore hinausfuhr. Sie
„schlich, halbverzweifelnd, wieder in das verhaßte
„Zimmer, sie wand sich auf dem Boden herum,
„sie verfluchte Wilhelmen, fluchte sich selbst. Also
„begrüßte sie die Morgenröthe und die Sonne fand
„sie in Thränen.

„Mittlerweile kam der Verwalter herauf. Er
„kündigte ihr mit einer gesetzten Miene den Befehl
„seines Herrn an, und bat sich Befolgung aus.
„Nun giengen die Bitten von neuem an, aber
„vergebens. Der Verwalter gab ihr die von
„Wartenhausen an sie zurückgelassenen 12 Dukaten,
„und führte sie, da sie freywillig nicht fortwollte,
„zum Schloßhofe hinaus in das Wirthshaus.

„Das

„Das klingt wohl hart, meine Freunde. Auch
„räum' ich selbst ein, daß Wartenhausen mit seiner
„Rache etwas langsamer hätte zu Werke gehen kön-
„nen. Aber welcher unter uns besitzt wohl bey
„solchen Auftritten Gewalt genung über sich? Zu-
„dem so wär' er beym Zaudern gewiß noch überli-
„stet worden, hätte nachgegeben, und seine Ge-
„weihe, gleich dem Hirsche, nur abgeworfen, um
„sich neue wachsen zu lassen."

„Sobald Wartenhausen auf seinem zweyten
„Gute angekommen war, berichtete er die Sache
„an die Regierung. Mittlerweile hatte sich Eli-
„sabeth ganz allein zu Fuße aufgemacht, um ihm
„zu folgen, und noch fernere Bitten zu versuchen.
„Allein durch einen Zufall erfuhr er ihre Ankunft
„in diesem Dorfe, ehe sie noch aufs Schloß gelan-
„gen konnte. Er ließ sie also durch die Gerichten
„sogleich in Verhaft nehmen, und sie bey guter
„Verpflegung in einem besondern Zimmer bis zu
„Austrag der Sache bewachen. Indeß ward der
„Untersuchungstermin anberaumt, wobey von jeder
„Seite ein bevollmächtigter Sachwalter erschien.
„Elisabeth gestand alles, und legte sich bloß aufs
„Bitten. Aber die Richter ließen sich damit wei-
„ter nicht ein, ließen der Gerechtigkeit ihren Lauf,
„und die Ehescheidung ward zur Unterzeichnung
„ausgefertigt. Das einzige was man zu ihren
„Gunsten that, thun konnte, und thun mußte,
„war,

„war, daß man den von Wartenhausen angieng,
„ihr einen kleinen jährlichen Gehalt auszusetzen.
„Dieser hatte zwar hierzu keine Ohren, war aber
„noch so großmüthig, ihr durch seinen Sachwalter
„4000 Rthlr. als ein Geschenk versprechen zu las-
„sen, die sie auch wirklich nach einigen Tagen so-
„gleich ausgezahlt bekam, jedoch unter der streng-
„sten Bedingung, daß sie seine Herrschaft nie mit
„einem Fuße wieder betreten solle. Dies war
„nun wohl ein köstlicher Balsam auf die tiefen
„Wunden. Allein Elisabethens Herz blieb noch
„immer sehr traurig. Ihr Gewissen war ihr be-
„ständiger Richter; und da ihr Herz sonst immer
„gut gewesen war, so kränkte sie jetzt desto empfind-
„licher ihr Fall."

„Nachdem sie sich einige Tage auf den Dör-
„fern in dieser Gegend herumgetrieben hatte, faßte
„sie endlich den Entschluß, wieder nach England
„zurückzukehren. Mittlerweile hatte Hartenwald
„den ganzen Verlauf der Sache gehört. Er
„schrieb sogleich an Elisabethen. Sein Brief war
„voll Klagen und Bitten um Vergebung, daß er
„zugleich an ihrem Unglücke Schuld sey. Endlich
„schloß er mit den Versicherungen fortdauernder
„Liebe, und war kühn genug, ihr seine Hand an-
„zubieten. Sie erhielt den Brief noch zu rechter
„Zeit. Nicht mit völliger Uebereinstimmung ihres
„Herzens, sondern aus Verzweiflung nahm sie
„Wilhelms

„Wilhelms Vorschlag an, reiste auch sogleich an
„den Ort seines Aufenthalts und brachte ihm hier-
„durch selbst stillschweigend die für ihn günstige Ant-
„wort. Wilhelm erhielt nach mancherley harten
„Kämpfen endlich von seinem Vater Erlaubniß
„Elisabethen heyrathen zu dürfen. Nachdem er
„also in dieser Sache alle Schwierigkeiten von
„Seiten der Obrigkeit überwunden, so kaufte er
„sich ein kleines Landgut, wozu er, nebst dem
„Gelde seiner nunmehrigen Braut, sein Mutter-
„theil angewendet, welches ihm der Vater geschickt
„hatte, und ließ sich mit Elisabethen trauen."

„Dies Paar lebte aber nur sehr kurze Zeit
„glücklich. Glücklich kann ich zwar eigentlich gar
„nicht sagen, denn Elisabeth heyrathete Wilhelmen
„aus Verzweiflung, und Wilhelms Gewissen plag-
„te ihn auch oft mit bittern Vorwürfen. Diese
„von beyden Seiten so verbitterte Ehe ward mit-
„hin endlich ganz unglücklich. Elisabeth, die ih-
„rem ersten Gemahl nicht getreu genung gewesen
„war, war es diesem Theilnehmer ihres Verbre-
„chens noch weniger. Sie ward von Tag zu Tag
„leichtsinniger, und der Genuß verbotener Früchte
„ward ihr allmählich zur unentbehrlichen Gewohn-
„heit. Wilhelm sah' es, kränkte sich, und ahmte
„endlich, aus Verdruß und um sich selbst zu zer-
„streuen, dem Beyspiele seiner Frau nach. In
„Kurzem war ihr Vermögen durchgebracht. Sie

„quälten

"quälten sich unaufhörlich untereinander mit tau-
"senderley Vorwürfen. Die Liebe schwand gänz-
"lich. Elisabeth machte Schulden auf Schulden,
"und da sie verlassen von allen ihren bereits ausge-
"sogenen Anbetern, keine Rettung mehr wuste, so
"erwachte ihr Brittischer Muth zum Selbstmord;
"sie sprang in die Spree und fand in den Wellen
"ihr Grab. Wilhelm nahm Kriegsdienste, und
"wird, so viel ich weiß, noch leben, aber finster,
"menschenfeindlich, gehaßt von allen, die seine Le-
"bensgeschichte wissen."

Sehet, Freunde, welche schreckliche Folgen die Sicherheit in der verbotenen Liebe zuweilen haben kann! Und woher entspringt diese Sicherheit? Ganz gewiß nicht selten aus der bey Entstehung der Neigung genährten Idee von Seelenliebe. Ueberzeugt, daß die Geschlechtsliebe nur sinnlich sey, und dann ferner versichert, daß unsre Sinne große, oft unüberwindliche Gewalt über unser Herz haben, würden wir die Gefahr fliehen, ehe sie uns umschwebt. Was unsern Nerven schmei-chelt, geht zur Seele über, und theilt sich ihr auf eine angenehme Art mit. Denn an und für sich selbst, und ohne diese Mittheilung ist die Seele fühllos für alle körperliche Freuden und Leiden: Wer wollte sie, die Erhabene, so herabwürdigen, und ihr Eigenschaften beylegen, die des Verbre-chens fähig sind?

Drittes

Drittes Kapitel.
Romanhafte Liebe.

Es könnte seyn, daß der Ausdruck, Romanhafte Liebe, nicht ganz glücklich gewählt wäre, wenigstens hab' ich unter diesem Titel auch alle das Tändelnde der Liebe mit begriffen, welches vielleicht besser süße Liebe genannt würde. Allein, ich hatte hundert Ursachen, welche mich bewogen, eben diese und keine andere Ueberschrift zu wählen, die aber anzuführen zu weitläuftig werden möchten; muß also für diesmal wegen der genommenen Freyheit eines nicht ganz erschöpfenden Titels um Vergebung bitten.

Liebeln, schmachten, schmelzen, Pflastertreten, sich parfümiren, Stundenlang dem Spiegel und der Toilette opfern, das sind Dinge die Hohngelächter, wo nicht Mitleid verdienen. In der Hölle der alten Heyden war das eine der größten Strafen, wenn man die köstlichsten Speisen und Getränke bey sich vorbeywandern sehen mußte, ohne sie genießen zu dürfen. Wir aber, durch zärtliche Romane an idealische Freuden, Schattenfreuden sollten sie heißen, gewöhnt, wir schwärmen und tändeln,

tändeln, und finden ein Vergnügen an diesem Urs
sinn. Es ist unglaublich, wie tief sich die romantischen Freuden, oder besser gesagt, die heiße
Theilnehmung an den gröstentheils ersonnenen und
widernatürlichen Geschichten der Zärtlichkeit, in
unsre Seele weben. Unsere Jünglinge weihen oft
den halben Theil ihrer Lebenstage dem Lesen solcher
Schriften, ja schon der Knabe, kaum das vierte
Fach eines Bücherrepositoriums zu erreichen fähig,
klettert mühsam auf einer Leiter in den Zimmern
der Bücherverleiher umher, und sucht sich mit lo-
derndem Enthusiasmus ein Lesebuch, das oft ihm
zu Gift wird. Mein eigner Junge, nunmehr
schon viele Jahre im Grabe, las die Insel Felsen-
burg, die asiatische Banise, alle Arten von Robin-
sons und Avanturiers mit einer Art von theilnehmenden Wahnsinn; wiewohl damals der Lesepa-
roxismus bey weitem noch nicht so heftig war als
jetzo. Kaum ward ichs inne, als ich ihm mit
väterlichen Ernste die gröste Vorsicht in Lesung solcher Schriften empfahl. Er wollte mir zum
Schein folgen, ich sah selten einen Roman in seiner Hand, aber er las die Nacht hindurch. Am
Tage gieng er wie träumend umher, seine Lehrer
klagten über ihn, und hatten sogar in den Schul-
stunden solche Bücher bey ihm gefunden. Väter-
licher Ernst mit sorgsamer Liebe verknüpft, retteten
ihn endlich noch von dieser eingewurzelten Thorheit,
als er ein vierzehnjähriger Knabe, eben in Bereit-
schaft

schaft war davonzulaufen, um selbst Roman zu spielen. Er starb in seinem 24sten Jahre an einer epidemischen Ruhr. — Vergebt mir diese traurige Abweichung. Ich sprach von meinem lieben Kinde. Wer spricht nicht gern von den Seinen? Noch seh ich den jungen Mann vor mir, wie sein Geist schön blühete, und wie ihm die Krankheit seinen Körper entriß. O siehe, verklärter Karl, diese deinem Andenken opfernde Thräne in meinem Auge!

Weit entfernt, die Romane im Allgemeinen zu tadeln, red' ich hier nur von den Luftschlössern, leeren Hirngespinnsten und Tändeleyen, welche die mehresten Romane jungen Leuten einflößen. Aber nicht immer sind nur Schriften an diesen verkehrten Neigungen schuld. Es kommen im gemeinen Leben Verhältnisse vor, die unsre Seele zu solchen Empfindungen stimmen. Umgang mit Romanhelden und Romanheldinnen, Sclaverey widerwärtiger Geschäfte, allzugroße Strenge der Vorgesetzten, und Mangel an Umgange; ferner zu große Selbstliebe, ausschweifende angebohrne Neigung zum Sonderbaren, ein affektirtes Zeitalter überhaupt, oft auch geheime Sünden, von denen ich künftig insbesondere reden werde, alle diese Dinge können Ursachen zu idealischer Schwärmerey werden. Eben so oft giebt eine affektirte Frömmigkeit in der Geschlechtsliebe zu den genannten Fehlern Anlaß.

„Leopold

„Leopold und Sophie giengen am Augustabend im Felde spazieren. Der Mond stieg am Himmel herauf und belauschte die Liebenden mit melancholischem Silber. Sie sahen ihn kommen und weiheten ihre Herzen zur Anbetung. Tausend Lobeserhebungen wurden ihm gemacht, und als er sein Lächeln darüber zu erkennen gab, lagerten sie sich ins Gras hin, fühlten ganz die Theilnehmung des Mondes an ihren Leiden — eigentlich hatten sie keine — und zerflossen fast im Glück, sich dem stillen verschwiegenen Gefährten einmal so recht aus vollem Busen mittheilen zu können. Unterdessen hatte sich der kühle Abendthau von oben und unten ergossen, und der Zephyr sich diesen Abend Boreasflügel geborget. Leopold und Sophie erwachten endlich, aber zu spät, aus ihren Schwärmereyen, durch ein Frösteln an ihrem ganzen Körper, und durch eine kalte Nässe, die ihnen in ziemlichem Maaße durch die seidnen Strümpfchen gedrungen war. Sie bekamen würkliche Krankheiten, die sie nöthigten, mehrere Tage das Bette zu hüten." Mehr fürs sinnliche Gefühl der Zärtlichkeit, als für diese Mondschwärmerey gestimmt, würden sie durch ausströmendes Feuer der Liebe der schädlichen Kühle besser widerstanden, und früher würden sie im sinnlichen Gefühl, durch einen andern sinnlichen Eindruck gestört, das Zimmer aufgesucht haben.

Dies war eine Folge von Romangetändel. Nun noch ein Geschichtgen von affectirter Frömmigkeit: „Julius und Amalie liebten sich tugendhaft. „Oft beteten sie mit einander. Keins gieng ohne „das andre in die Kirche. Alle edle Gefühle des „Mitleids und der Menschlichkeit theilten sie einan„der ungesäumt mit. Dies war im Anfange ihrer „Liebe. Zu stark ins Frömmeln vertieft, fühlten „sie wohl nach und nach, daß sie ihren eigentlichen „Endzweck dabey zu sehr verfehlten. Aber wer „sollte nun anfangen zu behaupten, daß alles seine „Zeit habe, ohne von dem andern für lasterhaft ge„halten zu werden? Endlich gewann ein reicher „Oncle den jungen Mann lieb, erfuhr seine Nei„gung zu Amalien, und bot ihm eine beträchtliche „Summe an, das Mädchen heyrathen zu können. „Er entdeckt' es seiner Dulcinea. Sie sehnten sich „beyde nach der Verbindung. Aber da eins im „Angesicht des andern gern recht tugendhaft und „nachdenkend seyn wollte, so nahmen sie das Erbie„ten nicht an, weil der Oncle ein verschrieener Mann „war, der sein Vermögen mit Unrecht erworben „haben sollte. Sie blieben lieber, bey ungünstigen „Vermögensumständen, unverbunden, bis die Blü„the der Jugend verwelkt war." — Das war wohl gefrömmelt! Jedes reifere Urtheil über diese Scene unverachtet, würde ich das Geld genommen, das Mädchen geheyrathet haben, und, ohne des Oncles Character sehr zu untersuchen, tugendhaft geblieben seyn. C Laßt

Laßt uns nunmehro unsern Weg weiter verfolgen zu den Pflastertretern, geschminkten Puppen, Toilettenschwestern, und wohlriechenden Seraphs; zwar führ' ich euch keinen angenehmen Pfad. Ich selbst, möchte gern meine Ohren verstopfen, meine Augen verbinden und meine Nase zuhalten. Aber ich muß mich schon überwinden. Ich alter Kerl muß einmal die Sphären singen hören, muß meine Ohren zu den Tönen der Tändeley stimmen, und, den Hut unterm Arm, durch die buntschäckigten Reihen wandeln. Begeistre du mein Gehirn, o cyprische Göttin, und umhülle meine verlebten Scheitel mit süßduftenden Locken der Jugend!

Schon spiegelt sich Phöbe in den murmelnden Wellen, schon trocknet sich der Landmann den Schweiß von der glühenden Stirne, und die geschäftige Stadtköchin kostet den halbvollendeten Braten, als der junge Stutzer an seine Uhr sieht, und sich aus dem Bette herauswälzt. Himmlische Träume von seiner Geliebten halten ihm die Ruhe zum Paradiese gemacht. Noch brannt' in seinen Augen Begierde, und auf seinen Wangen mahlten die geträumten Scenen das lieblichste Blaßroth. Spät am verfloßnen Abend, als schon längst von den Thürmen Mitternacht gesummt hatte, wagt' ers noch einmal, die Hand des Engels zu küßen, und verließ sie dann mit seinem immerfeßelnden Blick. „O Doris, welch ein Wohlgeruch stieg mir aus beinem lispelnden Munde entgegen! Welch einen
Glanz

Glanz strahlte deine blamantne Brustschleife in meine Augen! Welch ein blendender seidner Purpur machte deinen Steifrock zum Götterspiegel! Und dein kleiner, niedlicher, bezaubernder Fuß — o mit welchem Triumph des guten Geschmacks trug er die Verschwendung der Stickerin! Und dein Haarputz — Glücklicher Friseur, du hast dein Meisterstück gemacht! Mit welcher Erfindung hattest du Mongolfieren zwischen Blumen gepflanzt, mit welcher Ordnung den Flor verwirret, mit welchem Wohlgeruch von Pergamo und Goa das Gebäude verherrlicht!" Eben tritt der gepriesne Schöpfer herein, der auch sein Friseur ist. Er bricht aus in Lobeserhebungen, ja er würd' ihn umarmen und küßen, wofern nicht der von Pomade und Puder strotzende Rock ihn zurück hielte. Entzückt setzt er sich auf den Puderthron. — Jezt ist er fertig und nun eilt er, jedoch mit dem nöthigen Putzgetändel, sich in seine Kleider zu schmiegen. Er ist fertig, er hüpft, trotz dem schon vorüber gewandelten Mittage, aus dem Hause, und in die Straße, wo die Königin seines Herzens wohnet. Sie, die schon zwey Stunden für den Spiegel saß, um Muschen zu legen, und den Busen heraufzupressen, wirft mit ermüdetem Arm endlich den Toilettenmantel hinweg; indeß der treue Seladon unermüdet in der Gegend des Hauses herum patrouilliret, und seine Augen in der Lorgnette verschwendet. Endlich hat sie sich in den Ueberrock geworfen, und erscheint, o Wonne! am geöfnetem Fensterfliegel. Eben war Seladon im Begriff, die Geduld zu verlieren, aber noch zu rechter Zeit ward sein Eyfer belohnet. Tausend Bücklinge werden verschwendet, tausend Küße sich zugeworfen, und noch dreymal wandelt Seladon das Fenster vorüber, bis endlich Mama das liebäugelnde Mädchen hinwegrufte, Seladon tanzt nun nach seiner Wohnung. Es begegnen ihm tiefsinnige Beamte, die mit müden Fingern aus ihrer Expedition kommen. Er umduftet sie, lächelt sie an, wird aber nicht von ihnen bemerket. Er kommt nun ermüdet nach Hause, wo sein arbeitsamer Vater längst auf ihn gewartet hatte, und ihn mit scheeler Miene empfängt. Seladon träumt, und ißt, und sinnt auf Lustbarkeiten. Kaum ist die Tafel aufgehoben, als er sich schon wieder entfernet, um auf dem Koffeehause Nachrichten und Urtheile über schöne Mädchen und Frauen einzuziehen. Mittlerweile kommt die Zeit heran, die dem Schauspiele geheiligt ist. Er fliegt zur Doris, er hebt sie mit Süßigkeit in den Wagen, er hüpft mit ihr in die Loge. Nun eröfnet sich für ihn und die Dirne ein Sammelplatz von Bezauberungen. Hundert gepußte Schönen faßt seine Lorgnette, und hundert bunte Stutzer entzücken das Auge des Mädchens. Für Beyde ist der Anzug und die affectirten Handlungen der Schauspieler das wichtigste, für Beyde das Stück zu früh am Ende. — Sie fahren mit Süßigkeit nach Hause, sie speisen zu Nacht, sie spielen, und vollbracht ist der Tag. Sollten ihre Handlungen mit dem wahren aber oft verkanntem Verdienst in die Waagschale gelegt werden, sie würden dieses kaum um ein Quentchen in die Höhe heben. So fließt ein Jahr nach dem andern dahin. Die Putzdocken heyrathen endlich mit der Fortsetzung ihrer tändelnden Lebensart. Selbst Leute von wenigen Unterhalt, wälzen sich nicht selten in diesen Thorheiten herum. Sogar das Alter ist nicht immer vermögend genug, die Galanterie bey ihnen in ein ernsthaftes, gesetztes Betragen zu verwandeln. Sie nagen eben so sehr am Schatten, als die Romanhelden, nur ist hier der Unterschied, daß diese weit öfter Gelegenheit haben, ihr Herz sich ein Wörtchen von Religion, Mitleid und Duldsamkeit sagen zu lassen, jene aber in einem ewigen Gewühl von Zerstreuung, Putz und Lustbarkeiten herumtändeln, welches ihnen niemals Zeit lässet, irgend einer mitleidigen Empfindung nachzuhängen.

Nachdem ich mir die Freyheit genommen habe, alle Flecken der romanhaften Liebe aufzusuchen, sie auch hier und da ein Bißchen lächerlich zu machen, ist es nicht minder meine Schuldigkeit zu erwähnen, daß sie auch eine gute Seite hat, und daß diese sogenannte romanhafte Liebe also immer noch einigen Vorzug für andern Ausschweifungen in der Geschlechtsliebe verdiene. Der Schwärmer und der Affe behalten, wie zu guten Empfindungen eben so

selten

selten auch viel Zeit übrig, den stürmischen Begierden Raum zu geben, welchen sich der Wollüstling überläſſet. Der Schwärmer lieſt empfindsame Schriften, er sucht die Natur auf, und bewundert ſie, ſagt auch oft zu ihrer Ehre ein Wörtchen; und ob er ſchon im eigentlichſten Verſtande ein Müßiggänger, auch für die menſchliche Geſellſchaft gröſtentheils todt iſt, ſo ſucht er doch ſein und ſeines Mädchens Herz zur Empfindſamkeit zu bilden, und iſt faſt immer ein großer Freund der Armen. Der Süßling ſteht ſchon um ein paar Stuffen tiefer. Sein einziger Vorzug für dem laſterhaften Wollüſtlinge beſteht ganz allein darinn, daß ihn ſeine Affentändeley zu groben Ausſchweifungen ſelten gelangen läſſet. Nun ſind zwar, wie ich ſchon im vorigen Capitel gezeiget habe, auch die Romanhelden nie für einem tiefen Falle ſicher, doch aber bleiben die wenigen Vorzüge unſtreitig, die ich eben angeführt habe.

Zum Beſchluß dieſes Capitels muß ich noch anmerken, daß bey der Idee von einer recht im äuſerſten Grade romanhaften Liebe leicht der Wahn entſtehn könne, als ob hieraus die mögliche Nichtſinnlichkeit der Geſchlechtsliebe zu erweiſen wäre. Aber dieſer Schein führt irre. Dieſe Liebenden mögen ſchwärmen mit Seelenliebe, und aus Neigung zum Ueberſpannten ihren ſinnlichen Begierden Grenzen ſetzen, ſo ſehr ſie wollen, ſo bleibt es, meinem geringen Urtheil nach, doch unleugbar, daß ſich

sich eher ihre Körper liebten, als ihre Seelen. Und kannten sich, durch Briefe oder Beschreibungen, und liebten sich ihre Seelen eher, als die Körper sich sahen, so war dies Freundschaft, nicht eigentlich Liebe, die aber allerdings beym ersten Anblick sogleich in Liebe übergehen konnte.

Viertes Kapitel.
Ritterliebe.

Als Deutschland noch Ritter hatte, die sich allen häuslichen und bürgerlichen Geschäften entzogen, und blos auf Abentheuer ausgiengen, war die Liebe von Seiten des schönen Geschlechts mehr ein sclavisches Opfer, als ein wahres Gefühl des Herzens. Auch die Liebe der Ritter war nichts weniger, als tugendhafte Liebe, vielmehr eine zügellose Geilheit. Dies gilt auch von andern Nationen, deren Adel sich eine Ehre daraus machte, Abentheurer, Räuber und Mörder zu seyn. Ein Ritter, der ein Fräulein erbeutete oder raubte, forderte mit trotzigem Stolze von ihr die zärtlichste Erwiederung seiner entbrannten Begierden. Was fragte er nach ihrer vorhergegangnen Liebe, und nach ihren Bräutigam oder Gemahl, den er erlegt hatte? Auch waren, eben durch dies grausame Zeitalter, die Weiber leichtsinnig genug, ihre Liebhaber und Männer bald zu vergessen. Nicht minder lächerlich, war die damalige Art, sich bey einer Dirne beliebt zu machen. Sollt' es wohl natürlich, und nicht vielmehr affectirt, ja grausam und verabscheuungswürdig seyn, den sanften Character eines Weibes durch Blutvergießen gewinnen zu wollen? So sehr auch unsre Romanzendichter diesen Mißbrauch der sanften Zärtlichkeit zu lieben scheinen, so werden sie ihn doch der denkenden und aufgeklärtern Welt nie als einen würklichen Vorzug aufdringen können. Sie werden mit ihren schrecklich schönen dichterischen Fantasieen nur leichtgläubige Mädchen, nichtgelehrte Jünglinge, und schwache Köpfe fesseln. Umsonst suchte man in dem eisernen Gefühl der damaligen Zeiten eine standhafte Treue. Und welches weibliche Herz ist wohl würklich eine Enkelin der Mutter Eva, und nicht vielmehr ein weiblicher Bastard, das mit lachendem Muthe kann die Unschuld niedermetzeln sehn, oder nach fruchtlos vergossenem Blute seine Gunst dem Stärksten zur Prämie austheilen? Welch eine zärtliche, für die Erziehung ihrer Kinder im zartesten Alter besorgte Mutter wird dies nicht werden! — Die Verwüstung und Verheerung ganzer Gegenden, und die schwache Bevölkerung der Staaten in den damaligen Zeiten zeuget laut genug von der rohen, Menschen unwürdigen Lebensart. Die Liebe, oder, besser gesagt,

die

die Geilheit der Ritter hat Tausenden ein frühes Grab bereitet. Wer, als der fast immer, und oft unvermeidlich, überspannte Dichtergeist, wird ein Vergnügen an der Sclaverey jener Zeiten finden, und an der Unsicherheit wegen Leben, Güter und Ehre, in welche die unschlachte Lebensart des hohen Adels den Gelehrten, den Bürger und den Landmann versetzte?

Fünftes Kapitel.
Theaterliebe.

Melpomene und Thalia sind dem Jünglinge ein paar lehrreiche, aber auch ein paar gefährliche Schwestern. Indes sie die Sitten verfeinern, den Geschmack bilden und das Herz weich, vielleicht allzu weich machen; bringen sie mit Allgewalt in das Innerste des Gefühls, und gewöhnen die Sinne, auf einmal zu den heftigsten Eindrücken. Wo feuriges Blut und Jugend den Selbstmord oder jede andre Tadel werthe Handlung in einer reizend traurigen Gestalt auf dem Theater vorstellen sehn, da eröfnet sich ihr Herz dem Beyfall, da ist es voll von Entschuldigungen für dem Gefallnem, da fühlt es all seine kleinen geheimen Leiden mit zehnfacher Schwere,

Schwere, und glüht, bey traurigen Scenen, für Begierde heroischer Nachahmung.

Mit gleicher Gewalt würkt auf den sanguinischen Leichtsinn das kützelnde Lustspiel. Hier erscheint die Tugend und das Laster in einer scherzhaften Gestalt. Hier werden wir in Beurtheilung der menschlichen Handlungen an einen strafbaren Leichtsinn gewöhnt. Hier lächeln die Grazien aus allen Scenen. Hier athmet Cythere einen bezaubernden süßduftenden Odem aus; hier schmeichelt sie den in der Erwartung aufs Höchste gespannten Sinnen; hier schleudert ihr kleiner Zögling Millionen hinterlistiger Pfeile umher. Freude begegnet der Freude, alle Sinne werden mit Wohlbehagen gesättigt, und die hüpfende Musik erfüllt meisterlich die leeren Intervallen, damit sich ja die Seele nicht einen Augenblick aus der Sclaverey der Sinne empor arbeite.

Ihr würdet euch sehr irren, meine Freunde, wenn ihr hier in mir einen allgemeinen Tadler der Schaubühne finden wolltet. Ich kenne ihren Werth, der wartlich in mancherley Betracht nicht klein ist; aber in gegenwärtigem Kapitel muß ich, meinem Plane zu folgen, nur das von ihr sagen, was ihre nicht vorzügliche Seite ausmachet. Der Mann von Ernst, dessen Herz entweder durch gesetzteres Alter, oder durch Geschäfte, oder durch öftre Leiden des menschlichen Lebens nicht mehr allen Eindrücken der Sinne offen ist, wird sich weder vom Trauer-
spiele

spiele noch vom Lustspiele zu sehr hinreissen lassen. Er wird, ohne Anstrengung, seine Sinne in seiner Gewalt haben, wird das Schauspiel zur Erholung sehn, wird viel Gutes darinnen finden. Aber der müßige Jüngling, den Vermögen für Sorgen, Geburt für Unterdrückung schützt, dem die Natur Kraft und Gesundheit giebt, o wie oft wird sein Herz in Gefahr kommen, sich verzärtelnden Eindrücken zu öfnen; wie oft wird er seine Sinne über seinen Verstand siegen lassen! Noch größere Gefahr erwächst hier für das der Freude gebohrne Mädchen. Immer gewohnt, den Vater oder Mann für jede Nothdurft sorgen zu lassen, immer witziger als verständig, immer bereit, sich der Herrschaft der Sinne zu unterwerfen, sind die Weiber ein ewiges Spiel der Verführung.

Was ist aber nun bey einem vom Schauspiel bezauberten Busen leichter, als daß die Handelnden Personen einen sehr lebhaften Eindruck auf ihn machen, den oft Zeit und Entfernung nicht auszutilgen im Stande sind? Ein Bißchen wohl aufgetragene Schminke, ein heraufgepreßter halbentblößter Busen, eine lispelnde Sprache, ein schmachtender Blick, ein mit Sehnsucht ausgestreckter Arm nach dem Geliebten, endlich eine gewisse bezaubernde Wendung des ganzen Körpers, die keine seiner Annehmlichkeiten unentdeckt lässet, dies alles macht den durch tausend andre Gegenstände im Theater schon lüsternen Jüngling halb zum Narren. Bey

dem

dem unschuldigen Mädchen, das ihre Reitze allen
Männern verbirgt, nur ihrem Lieblinge ins Auge
strahlt, hätt' er alle diese hinreissenden Annehmlichkeiten auch gefunden. Aber er achtet das nicht,
und läßt sich von einem Weibe bezaubern, das alle
ihre Schönheiten auf dem Theater feil trägt. Eben
so stark fesselt oft der Acteur die im Feuer des lü-
sternem Gefühls schmachtende Dame. Seine
männliche Stimme, sein freymüthiges Auge, sein
überall knapp anliegender Anzug, seine wollüstige
Wendungen, das sind Sonnenstrahlen, die das
Blut mancher Dame bis zur Auflösung erhitzen.
Umsonst besitzen eine Menge junger Männer, mit
denen sie bekannt sind, weit größere Annehmlichkeiten. Sie sind, gegen den Acteur, der Aufmerksamkeit unwerthe Geschöpfe.

Solche in die Schauspieler und Schauspielerinnen vergaffte Personen werden nicht selten von
einer ganz besondern Begierde beherrscht, die sich
durch nichts als durch Genuß dämpfen, nie ganz
befriedigen lässet. Sie verfolgt sie bis ins männliche, bis ins Greißalter. Sie ist der Stoff zur
Untreue gegen den künftigen oder schon besitzenden
Gemahl, eine Diebin der Zeit, ein Quell zur Verschwendung, eine Schöpferin von tausend schädlichen
Thorheiten.

Dies alles ist noch nicht genug. Die Beyspiele sind unzählig, daß junge Leute von beyderley
Geschlecht aus unmäßiger Liebe gegen Schauspieler

oder

oder Schauspielerinnen, selbst dem Theater folgen, um mit ihrem süßen Gegenstande auf du und du leben zu können. Wie viel brave Eltern haben auf diese Art ihre hofnungsvollen Söhne und Töchter verloren. Sie vertauschen die Sorgfältigkeit zärtlicher Verwandten mit der Sorglosigkeit ihrer Schauspielergesellschaft, ihre Ehre mit einem verdächtigen Rufe, ihre nützlichen Arbeiten mit den entbehrlichen, ihr gutes Auskommen mit einem ungewissen. Ueberdieses dürfen sie sich nicht einmal jene heiße Gegenliebe versprechen, die sonst zuweilen den Jüngling wegen einer thörigten Handlung entschuldigt. Denn wie kann ein Weib, deren tägliches Geschäft es ist, Allen zu gefallen zu suchen, würklich nur einen Einzigen lieben? Wie kann der Mann, der gleich dem Haushahn unter Duzten von Weibern lebet, auf welche alle er Ansprüche zu haben glaubet, nun auf einmal gefesselt an den Busen einer neuen Recroutin sinken? wo alles, sogar Männer und Weiber, unter einander gemein ist, da wird der Hinzukommende nicht nur nichts für sich allein behalten, sondern er wird auch in kurzer Zeit eben so leichtsinnig, und mithin für seine Uebereilung scharf gestraft werden. Zwar giebt es, wie man sagt, auch Schauspieler und Schauspielerinnen, die dem eingezogendsten Bürger ein Muster der Nachahmung seyn können. Ich aber würde auf diese Brücke nicht treten. Wenigstens gehört dazu ein felsenfester Charakter, der

Tag

Tag für Tag affectiren kann, was er nicht ist, ohne dadurch verderbet zu werden, der von den heftigsten Verführungen angefallen wird, ohne sich erschüttern zu lassen, der die Weiber seiner Mitgesellschafter täglich mit liebhaberischem Feuer umarmen kann, ohne dabey in seiner Brust die mindeste Veränderung zu empfinden, der täglich Unschuld fallen sehn kann, ohne zu erröthen. Und da nun die wenigsten solch ein Felsenherz besitzen, so bleibt es wohl gewiß, daß man dem Verluste der Tugend und des guten Nahmens am nächsten ist, wenn man ein Schauspieler wird.

Zum Beschluß dieses Kapitels kann ich eine kleine Geschichte nicht unberührt lassen, die mir erst vor einigen Jahren von einem meiner Freunde aus Leipzig geschrieben worden. „Ein gewisser junger „Herr, er soll hier von Thalmeyer heißen, kam als „ein wirklicher Bauernjunge nach Leipzig, um da „etwas vom juristischen Studio zu begreifen, auch, „wo möglich, ein Bißchen Lebensart zu lernen. „Wem bekannt ist, welche Delicatesse im Umgange „man in Leipzig nöthig hat, wenn man ein geselli„ges Leben führen und mit Leuten von gutem Ge„schmack umgehen will, der wird leicht erachten, „daß unser Thalmeyer hier eine schlechte Figur spiel„te, und, wo man ihn ja noch den Zutritt verstat„tete, der Gegenstand des Gespöttes wurde. Es „soll eine Lust anzusehen gewesen seyn, manchem auch „ein Aergerniß, wie er in den Hörsälen geschlafen,

„oder

„oder über mancherley ihm nagelneue Dinge das
„Maul aufgesperret hat. Er war an einen ange-
„sehenen Mann empfohlen, der aber nun freylich
„sich mit ihm abzugeben nicht aufgelegt seyn mochte.
„Indes hatte er ihm doch in seinen Erholungsstun-
„den das fleißige Besuchen des Theaters angeprie-
„sen. Thalmeyer, der etwas geitzig war, wollte
„erstlich an dies Vergnügen nicht gern etwas wen-
„den. Nach und nach aber bekam er doch Appetit,
„besonders nachdem er einmal eine rechte Pourles-
„que gesehn, die seinen ganzen dicken Wanst durch-
„schüttelt hatte. Er lief öfters nach dem Schau-
„spielhause, und in kurzem war ihm das Schauspiel
„unentbehrlich."

„Er war kaum ein Jahr da, als einst eine et-
„was plumpe Schauspielerin auftrat, die andern
„zum Eckel wurde, bey Thalmeyern hingegen eine
„noch nicht gekannte Empfindung rege machte, denn
„seine phlegmatische Constitution hatte ihn bisher
„noch immer für den Regungen der Liebe bewahret.
„Das Mädchen spielte keine Hauptrolle, agirte auch
„sehr mittelmäßig, hatte nun aber einmal durch
„irgend eine für ihn annehmliche Wendung oder
„Handlung sein ganzes Herz an sich gezogen. Mit
„glühenden Wangen gieng er aus dem Parterre.
„Die Liebe, die gemeiniglich sehr lehrreich ist, er-
„innerte auch ihn, daß, wenn er seine Schöne noch
„einmal sehn wolle, er sich unter die Erwartungs-
„vollen Reihen der dastehenden süßen Herren und
„Renom-

„Renommisten stellen müste. Dies geschah, und
„es diente würklich dazu, den Junker immer tiefer
„zu verwunden. Er konnte den Abend des folgen-
„den Tages kaum erwarten. Und als er endlich
„kam, flog Thalmeyer noch lange vor der gewöhn-
„lichen Zeit ins Theater. Seine Dulcinea spielte
„diesmal nicht mit. Welch ein Donnerschlag!
„Hätt' er doch den Zettel vorher genauer und mit
„kälterm Blute durchgesehn! doch war er bey aller
„seiner Einfalt, klug genug, nach geendetem Stück
„wieder zu lauern, und als sie würklich herauskam,
„ihr auf dem Fuße zu folgen, um ihre Wohnung
„zu erfahren. Als er diese wuste gieng er noch
„einmal so ruhig nach Hause. Dummheit giebt
„Muth. Dies traf bey ihm ein, denn er gieng
„gleich dem folgenden Morgen in ihr Logis, fragte
„nach ihr, und als er vorgelassen wurde, erkundigte
„er sich nach irgend einer unrichtigen Sache. Und
„ob wohl freylich diese Frage herzlich dumm aus-
„fallen mochte, er sich auch dadurch sogleich ver-
„rieth, so hatte doch das nichts zu bedeuten, denn
„das Mädchen war, als eine menschenfreundliche
„Dirne, dergleichen Auftritte schon gewohnt, und
„sein Endzweck der Bekanntschaft war dadurch er-
„reichet."

„In sehr kurzer Zeit war Thalmeyer bis auf
„die Scheitel im Netz der Liebe. Das Frauen-
„zimmerchen aber bezeigte nicht Lust, ihre übrigen
„großmüthigen Freunde dieses Junkers wegen im
„Stiche

„Stiche zu lassen, ob sie schon auch große Lust zu
„seinen Lenden und zu seinem Geldbeutel haben
„mochte. Sie suchte ihn daher zu bereden, daß er
„mit in die Schauspielergesellschaft treten möchte.
„Thalmeyer besann sich nicht lange. Er gieng
„zum Directeur, und da ihn dieser, als ein plum-
„pes und unnützes Geschöpf, nicht annehmen woll-
„te, so vermaß er sich, daß er sich nicht abweisen
„lassen würde, wollte auch ganz unentgeltlich zu
„Dienste stehen. Er ward hierauf, in Rücksicht
„daß er zu stummen Rollen oder höchstens zu ein-
„fältigen Bedienten gebraucht werden könne, in die
„Gesellschaft aufgenommen."

„Es vergiengen kaum 14 Tage, als sein Vater
„schon von dieser unangenehmen Begebenheit unter-
„richtet worden war. Er reiste hierauf unverzüg-
„lich selbst nach Leipzig. Allein mit Gewalt würde
„hier wohl nicht viel anzufangen gewesen seyn. Er
„suchte daher durch eine List den Sohn auf seinen
„Wagen zu bringen, und fuhr dann, anstatt einer
„Spatzierfarth nach Raschwitz, immer geraden
„Wegs mit ihm und zwey Bedienten, nach seinem
„Guthe. Hier setzte es nun schreckliche Auftritte.
„Die Wuth des Junkers die schon unterwegs kaum
„zu bändigen gewesen war, ward itzt zu einem
„würklichen Wahnsinn, so, daß sich der Vater ge-
„nöthiget sah, den Purschen in ein finstres Gefäng-
„niß zu werfen. Das half aber zu nichts weiter,
„als daß seine Ungezogenheit endlich in Krankheit

„und

„und wahre Raserey übergieng, und er angeschlos-
„sen werden muste. Alle herzugerufne Aerzte wa-
„ren einstimmig, daß hier keine andre Genesung
„zu hoffen wäre, als durch die Gewährung seines
„Verlangens, wollte nun der Vater seinen Sohn
„wieder hergestellt wissen, so must er schon in einen
„sauern Apfel beißen. Er schrieb nach Leipzig,
„und bot der Actrice vieles Geld daß sie kommen,
„und seinen Sohn retten möchte, welcher ganz tief-
„sinnig herumgänge, und noch schlimmer werden
„dürfte, wenn er seine Geliebte nicht wieder be-
„käme. Von der wirklichen Raserey und dem
„Anschliessen wollt' er aus Vorsicht iezt noch nichts
„wissen lassen. Die Dirne, die nicht viel zu ver-
„lieren hatte, gieng hin. Kaum sah sie der Jun-
„ker, so ließ die Wuth nach, und nach einer ein-
„zigen Umarmung gab er wieder Zeichen der Be-
„sinnungskraft von sich. In wenigen Tagen war
„er ganz hergestellt. Der Vater ließ ihn hierauf
„mit dem Mädchen trauen. Da er der einzige
„Sohn eines reichen Vaters war, so war die Par-
„thie vortheilhaft, daß sie, als ein armes Kind, sie
„also keinesweges auszuschlagen gesonnen war."

„Es vergieng kaum ein Jahr, als der Junker
„seine Frau überdrüßig zu werden anfieng. Er
„merkte dies selbst, bildete sich aber den närrischen
„Gedanken ein, er werde sie als Schauspielerin
„wieder mehr lieben können. Daher entwandte
„er seinem Vater für einige tausend Thaler Kostbar-
„keiten,

„keiten, und verließ bey Nacht und Nebel mit ihr
„das väterliche Haus. Sie war vermuthlich leicht
„dazu zu bewegen gewesen, denn die Lebensart
„mocht' ihr hier wohl zu eingeschränkt und Freuden-
„leer seyn. Würklich war auch Thalmeyer wieder
„sehr verliebt in seine Frau, als er sie auf dem
„Hamburger Theater agiren sah. Er lebte ver-
„gnügter mit ihr, als zuvor, ob sie ihm gleich täg-
„lich untreu ward. Er gewährte ihr alles, was
„sie verlangte."

„Nachdem sie ihn endlich rein ausgeplündert,
„und alles abgenommen, was er von seinem Va-
„ter gemauset hatte, gieng sie mit einem ihr gleich
„lüderlichen Kerl durch. Thalmeyern regierte ein
„guter Genius, daß er nicht wieder wahnwitzig
„wurde, sondern zu seinem Vater gieng, zu Kreutze
„kroch und auch von ihm angenommen wurde. —
„Er soll sich vor kurzem mit einer armen aber wirth-
„schaftlichen und tugendhaften Fräulein verheyra-
„thet, auch fest beschlossen haben, die Schauspiele-
„rin, von welcher er durch öffentliche Ausrufungen
„nun völlig geschieden ist, mit Hunden forthetzen
„zu lassen, wenn sie sich etwa einmal in seiner Ge-
„gend blicken ließe. Vielleicht wird ihm seine
„ietzige Frau zum vernünftigen Manne machen,
„wenigstens ihn für künftigen Thorheiten schützen."

Man würde mich unrecht verstehen, wenn man
auf die Gedanken käme, als sollte diese Geschichte
einen

einen Beweis zu allen meinen in diesem Kapitel vom Theater geäuserten Gedanken abgeben. Dazu möchte sie nicht hinreichend gewesen seyn. Auch ist der Beweis durch Beyspiel wohl so nothwendig nicht, da ich meine auf Erfahrung gegründete Grundsätze über die Theaterliebe deutlich genug erwiesen zu haben glaube. — Diese Geschichte schien mir nur ihrer Sonderbarkeit wegen der Erwähnung zu verdienen, und ich konnte nicht umhin, sie meinen Lesern an einem Orte, wo sie sich doch meines Erachtens am besten hinschickte, mitzutheilen.

Sechstes Kapitel.
Klosterliebe.

Der Schelm Amor, der sich alle Leichtfertigkeiten erlaubt, schleicht sich auch mit verstohlnen Schritten in die der Enthaltsamkeit und Keuschheit geheiligten Palläste. Da, wo harmonische Chöre von unbefleckten Jungfrauen die Horen singen, da lauscht er mit tückischem Lächeln, und wählt Gegenstände zu Kampf und Siege. Unter dem ehrwürdigen Gewande hüpft manches Herzchen für verschloßner Zärtlichkeit, steigt mancher Trieb zur Geschlechtsliebe auf, und wird widerwillig erstickt. Die

Priorin

Priorin beweint ihr so ungenützt verlebtes Leben, und die junge Ordensschwester sieht betrübt einem ähnlichen Schicksal entgegen. Der Guardian empfiehlt seinen Patern und Fratern die Frömmigkeit, die Enthaltsamkeit, die Mäßigkeit, schielt aber selbst in der Beichte nach schönen Busen, und seine Untergebnen folgen dem Beyspiele seiner Handlungen, ohne sich an seine Vermahnungen zu kehren. Vergebens schliessen hohe Mauern und Eisenstäbe stürmische Gefühle in düstre Zellen. Kummervoll trägt Jugend und Schönheit diese sclavische Fesseln. Irrthum ists, und Kühnheit, in ewiger betender Einsamkeit den Weg zur Enthaltsamkeit zu suchen. Die Natur behauptet ihre Rechte. Das Blut strömt Feuer durch alle Glieder. Die Nerven fordern ihren Tribut zurück. Die Seele hat ihre schwache Seite, und zieht sich bey der Auflöderung der Begierden, eben so schnell in sich selbst zurück, als in der großen Welt. Ewige Gesetze der Menschheit, ewige Triebe zur Fortpflanzung unsers Ich, leiden keine Einschränkung irrdischer Ohnmacht. Das ganze System unsers physicalischen oder vielmehr mechanischen Lebens erfordert Liebe. Sollte diese nun Verdrängung, ja Austilgung erdulden aus der von der Natur ihr angewiesenen ewigen Wohnung? — Doch, was bedarfs noch dieses untersuchenden Gedankens, seit große Monarchen anfangen, jene Fesseln des Irrthums zu zerbrechen, und die Herzen wieder in ihre alten Freyheitsrechte zu setzen?

Der Leibarzt **Zimmermann**, jener große Beobachter des menschlichen Herzens, den ich bewundre, und dem ich — ohngeachtet ich sonst schwer daran gehe, ein öffentliches Lob zu posaunen, denn wer setzt uns übereinander zum Richter? — dem ich hier den lautesten Dank für seine Schriften, vorzüglich für den Nationalstolz, sage, hat in seinem Werke über die Einsamkeit, die geheimen Freuden der Ordensbrüder und Ordensschwestern so wahr, so ohne Zurückhaltung, und dennoch mit einer launigten Bescheidenheit beschrieben, daß es wohl Verwegenheit von mir ist, noch ein Wörtchen über diesen Gegenstand zu sagen. Doch, die Ordnung will es, und ich muß es wagen, einige Blätter mit Panseen über die Liebe und Liebhaberey der Klosterbewohner zu füllen.

Was bist du, Mädchen, mit der Kummerthräne im Auge, für eine Braut der Kirche, wenn Verdruß über den verlornen Gegenstand der Zärtlichkeit, und darauf folgende nahe Verzweiflung dich ins Kloster trieb? Dort sollst du beten, dich heiligen Handlungen weihen, und, gleichgültig gegen alles Irrdische, nur ungekannte Zukunft sehen: und du siehst nur gegenwärtige Leiden der Liebe, verrichtest nur Handlungen des Grams verdrängter Liebe, betest nur um Beystand, oder in einem andern Falle, um Rache gekränkter Liebe. Du stirbst nur aus Verdruß dem Irrdischen ab. Deine Liebe lebt, so lange, bis das herannahende Alter deine

Nerven

Nerven besieget und stumpf machet. Und selbst der Tod findet dich wohl noch in einer traurigen Erinnerung an die vormaligen Leiden deiner Liebe!

Auch du, unglückselige Dirne, die ein Gelübde oder ein Wahn der Eltern mit Vergnügen in den Kerker führte, du, mit einem reitzbaren Baue des Körpers von der Mutter Natur beschenket, feurig, theilnehmend, gefühlvoll und schön, welch ein Leben voll geheimer Verzehrung wird dich vor der Zeit alt machen, und zeitig ins Grab bringen. Wenn die Priester dich zur Gottverlobten weihen, wenn sie den Kranz auf dein Haupt setzen und dich unterm harmonischen Silberklange der Instrumente in das Grab des geselligen Lebens führen, da ist vielleicht dein Geist vergnügt, und folgt mit heiliger Ehrfurcht diesen Cärimonien, welche durch ihre äusserliche Feyerlichkeit so gewaltig hinreißen. Aber wenn die Strenge der Klostergesetze nun anfängt über dich zu gebieten, wenn man deinen Leib casteyet, dich in der Winternacht aus deinem Bette oder wohl gar von deinem Strohe in die kalte Emporkirche ruft, noch mehr, wenn Cabalen um dich her gespielt werden, wenn man auf jeden deiner Blicke richterisch lauert, um dich bey der Priorin zu verkleinern; o da schwindet schon die Ehrfurcht für dem geheiligten Irrthum! Und wenn nun endlich dieses Leben ewig so fortdauert, ein geheimes Naturgefühl erwacht und tyrannisch erstickt werden muß, dann ist dir das Kloster eine Hölle! dann erst seufzest du

bitter

bitter um deine verlorne Freyheit. Du wirst mürrisch, unzufrieden, kränklich. Aber weil du die Klostercabale bereits gelernt hast, so verbirgst du dein Gefühl. Du scheinst heilig und jungfräulich vergnügt, indes die Liebe Tag und Nacht am Tische und vorzüglich im Bette, in der Zelle und in der Kirche mit starker Stimme von dir ihren Tribut fordert. Nie befriedigte Begierden werden zu stürmischen, uns unabläßig begleitenden Feinden. Da, wo die Liebe mit Füßen getreten werden soll, wird sie tyrannisch.

Nun ein Wort an euch, meine lieben Paters und Fraters! Meynet ihr wohl Beschützer der Keuschheit und Rächer der Unzucht zu seyn? Ihr werdet mir mit Ja antworten, und das kann ich euch nicht verdenken. Ein für allemal hat euch die Kirche dazu berufen, ihr habt euch dazu hingegeben, wer will einen Tadel an euch finden? Und dennoch möcht' ich mich beynahe unterstehen, eure Unbescholtenheit aus gewissen sehr einleuchtenden physikalischen Gründen in Zweifel zu ziehen, wenigstens euch für sehr verwegen zu halten, wenn ihr Gelübde der strengsten Enthaltsamkeit ableget. Euer Körper wird täglich gut genährt, euer Blut mit geistigen Getränken erhitzt; die Zusetzung der festen Theile durch Ruhe befördert, und euer Geist, der ohnedies weder häusliche, noch allgemeine Sorgen kennet, durch mancherley mechanische oder gesellige Zeitvertreibe erheitert. Sollten da nicht auch

öftre

öftre und starke Geschlechtstriebe veranlasset werden, die weder euer durch Gewohnheit kraftloses ave Maria, noch eure Crucifixe, am allerwenigsten euer Herz selbst ersticken kann? Und wenn ihr diesen Sieg auf irgend eine Art möglich machen könntet, werdet ihr immer geneigt seyn, es zu thun? Möget ihr doch immerhin strenge Mönche seyn, ihr bleibt doch Menschen. Eure Nerven sind so reitzbar, und aus obengenannten Gründen noch reitzbarer, als die der Layen. Ihr folgt dem schmeichelhaften Gifte und denkt: es nach und nach zu unterjochen. Aber wehe dem ersten Schritte! du wandelst auf gleitenden Kugeln, die dich unvermerkt immer weiter die Bahn hintreiben!

Unter denen zur Wollust reitzenden Eigenheiten der Mönche verdient wohl auch die Kleidung einen der ersten Plätze. So gewiß es ist, daß der von der Geilheit ersonnene, und wider alle Regeln der Gesundheit streitende Anzug unsers Europäischen Frauenzimmers zu mancher verbotnen Handlung Anlaß giebt, auch die Weiber selbst der Geschlechtslust empfänglicher macht, als die Männer; eben so gewiß ist auch die Tracht der Franciscaner und verschiedener anderer Orden, oft eine, ob schon verkannte, Ursache klösterlicher Unkeuschheit.

Für den exemplarischen Orden sind aber wohl solche Mitbrüder, welche die Wollust unter ihre Herrschaft gebeugt hat, sehr gefährliche Geschöpfe. Einmal bringen sie dem Orden durch ihre üble Aufführung Nachtheil, und zwehtens schaden sie durch ihr verderbliches Beyspiel. Ehe ich noch weiter gehe, und mit einem schwachen Lichte in die verborgnen Pfade dieser Scheintheologen leuchte, will ich vorher ein paar Worte von jenen unglücklichen sagen, welche, indem sie entweder aus zu großer Schaamhaftigkeit oder aus Furcht für der Strafe, öffentliche Thorheiten vermeiden, auf eine doppelte Art gegen sich selbst wüten. Dem Staate schaden sie weniger, als die Herumschwärmer; aber desto mehr schaden sie sich selbst, und werden, beym halben Genusse einer strafbaren Wollust, ihre eigne Mörder. Man wird leicht einsehen, daß ich hier von der schädlichen Selbstbefleckung rede. Dieses Gift wütet in Klöstern epidemisch; und wer versichert uns, daß die strengen Verfaßungen der Nonnen frey davon sind? Es hat sogar schon manchen braven Ordensgeistlichen durch Verführung zum Schlachtopfer geliefert.

Noch näher kommen unserm Mitleid diejenigen, welche ihre verzehrende Sehnsucht tief im Busen verschließen. Diese welken dahin wie die im Winter getriebne Rose. Die Aerzte wissen gar wohl, und aus häufiger Erfahrung, welch eine Menge heilloser Krankheiten aus dieser erzwungnen Keuschheit entspringen.

Aber zum Glück für die Mönche war es von jeher gewöhnlicher, nur für der Welt enthaltsam zu scheinen, und ingeheim desto freyer zu leben. Schon

In den ersten Jahrhunderten nach der Stiftung und Entstehung der Klöster waren die Brüder nicht zu gewissenhaft, ihren Begierden dann und wann den Zügel schießen zu laßen; ob zwar wohl damals noch mehrere strenge Ordensbrüder waren, als in unserm und den 3 bis 4 vorhergehenden Jahrhunderten. Es ist überhaupt sehr natürlich und wahrscheinlich, daß diese Geistlichen den Genuß der Welt mit der theologischen Scheinheiligkeit verbinden, da sie tausend Gelegenheiten zu heimlichen Ausschweifungen haben. Sollten nicht die Ohrenbeichte, die häufigen Krankenbesuche, die öftern Zuziehungen zu geheimen Familienangelegenheiten, endlich auch die enge Vertraulichkeit, in welcher die Ordensgeistlichen mit den Weibern leben, ihre Geschlechtstriebe anfachen und zum Genuß reitzen? Welcher Mönch lebt nicht gern in weitläuftiger Bekanntschaft? Es giebt gewiße Stunden des Tages, — vielleicht auch der Nacht, — wo man in den weitläuftigsten Klöstern kaum 6 – 8 Personen zu Hause antrift. Unter dem Vorwande der Krankenbesuche oder anderer wohlthätiger Handlungen, verlaßen sie zu halben Tagen ihre Zellen, und wandeln in den Städten und Dörfern herum. Oft sind sie sogar, in größern Städten, an den Toiletten der Damen zu finden. Kaum haben die jungen Weiber ihr Bette verlaßen, so empfangen sie schon den Segen eines menschenfreundlichen Priesters. Diese Wölfe in Schaafskleidern nützen immer die rechten Zeit-

puncte,

puncte, und sind der Unschuld am gefährlichsten, indem sie ihre Begierden unter der Maske der Frömmigkeit verbergen. Damit sie desto gewisser Zutrauen erlangen, so werden sie Ohrenbläser und Vertraute geheimer Rachsucht. Nicht minder gut wissen sie ihre Rolle in der vermischten Gesellschaft zu spielen. Immer dem schönen Geschlecht am nächsten, machen sie auf einer Seite den Adonis, auf der andern den ernsthaften Priester. Ihre Augen sind lautsprechende Verräther ihrer Begierden, und fliegen umher, und wissen meisterlich willkührlich entblößte Busen mit nur von zwey Augen gesehener Lüsternheit zu bewundern. Man vertraut ihnen, als geweihten und frommen Männern, ohne Verdacht Weiber und Töchter. Auf diese Art werden sie zügellos. Wie könnte man noch von ihnen die Beobachtung des Gelübdes der Keuschheit verlangen?

Im 16ten und 17ten Jahrhundert gieng in diesem Falle die heimliche Bosheit noch weiter. Da die Mönche für der Welt damals weit strenger leben mußten, so suchten sie um desto eifriger sich ingeheim schadlos zu halten. Sie opferten daher manche junge Dirne ihrer Geschlechtslust auf. Manches Mädchen von guten Eltern und unbescholtenem Lebenswandel, deren Reize sie vielleicht oft noch obenbrein bey heiligen und kirchlichen Handlungen kennen gelernt hatten, ward von ihnen zu unerlaubten Umarmungen gezwungen, und alsdenn

gemei=

gemeiniglich mit guter Manier aus der Welt geschaft, damit sie nicht Gelegenheit haben möchte, ihre Geilheit an die Layen zu verrathen. Diese verabscheuungswürdige Bosheit befleckt, zur Ehre unsers Zeitalters, die geistlichen Orden jezt wohl nicht mehr, wenigstens in Deutschland nicht.

Es sey genug von den Ausschweifungen der Liebe in Klöstern! Wohl uns, daß es unter den Mönchen auch noch brave Priester giebt, deren Wandel mit ihrer Lehre harmonisch ist, und die ihrem Orden Ehre machen! Aber noch besser für uns, daß bereits eine Menge solcher Sclavenkerker zusammt ihren ehernen Freyheitsfesseln zerbrochen und zerstört sind! daß nicht mehr den Rechten der Natur öffentlich Hohn gesprochen, und heimlich zu viel Herrschaft eingeräumet wird! daß in heiligen Palläsperdern nicht mehr so viele tausend Mönchswanste für die Verbrechen der Geilheit gemästet werden, indes die fromme Dummheit sich es am Halse abdarbet, um ihnen Almosen zu geben!

Eins muß ich jedoch noch berühren, welches, wenn ichs wegliesse, mir den Vorwurf einer auffallenden Lücke zuziehen möchte. Wie kommts, daß die Mönche beym schönen Geschlecht fast durchgängig so wohl gelitten sind? Jung oder dem Alter nahe, schön oder nicht schön, finden sie immer ihr gutes Unterkommen. Es sey mir erlaubt, hierauf zu antworten, daß es drey Dinge giebt, die hierbey wohl wahrscheinlich das meiste thun mögen, ohngeachtet

achtet ich jedes andre Urtheil über diese Sache in seinem Werthe lasse. Wem ist nicht die Leichtgläubigkeit der Katholiken in Religionssachen bekannt? Ein einfältiger Aberglaube, als gehöre es zu den Werken geistlicher Wohlthätigkeit, einen Pater nicht vergebens schmachten zu lassen, ist gewiß nicht selten der Grund von den geheimen Avanturen der Zärtlichkeit, welche das schöne Geschlecht mit den Mönchen spielet. Die Weiber glauben sich dadurch eine Stufe im Himmel zu bauen. Sie preisen sich selig, wenn ein Ordensgeistlicher sich bis zu ihnen herablässet. — Eine andre Gattung von Weibern findet ein besondres Wohlbehagen an der zur Liebe bequemen Kleidung verschiedner Orden, an ihren Kenntnissen von geheimen Künsten im Reiche der Wollust, und an den Geschenken von religiösen Bildern, unter welche sie bey der Austheilung sehr fein Bilder von üppigem Sinn zu mischen wusten. Sie müssen sich für dies letzte ja doch dankbar beweisen, und könten dabey durch den Genuß vielversprechender Speisen auch selbst gewinnen, denn ein durch Enthaltsamkeit und gute Tage gemästeter Mönch verspricht allerdings feurigere Umarmungen als ein Gatte, der, bey Geschäften und häuslichen Sorgen, täglich der Liebe fröhnen muß. — Noch eine dritte Ursache ist sonder Zweifel die Zudringlichkeit und Freymüthigkeit der Mönche, Eigenschaften, die dem schönen Geschlecht größtentheils herzlich gefallen. Langes Schmachten ist unerträglich und

verzeh-

verzehret das Leben. Wo feuriger Blick und viel-
verlangende Geberden einen baldigen Genuß versprechen, da sind die mehrsten weiblichen Herzen
immer geneigter zur Zärtlichkeit, als beym keuschen
Mondenschimmer in der Gartenlaube, wo Schutz-
geister schweben, und weinende Jünglinge an äthe-
rischem Schatten nagen.

Siebentes Kapitel.
Soldatenliebe.

Es ist nunmehro Zeit, daß wir das stille Kloster
verlassen, und es mit einem lebhaftern Schauplatze
vertauschen. So sehr die Klosterbewohner ihre natürlichen Triebe für der Welt verleugnen und verbergen, so sehr sucht sie im Gegentheil der Soldat
für der ganzen Welt zu bekennen. Jene scheinen
tugendhaft, und sinds nicht; dieser sieht in jedes
Augen zügellos aus, und doch möchte ich lieber der
ins Licht tretenden Unart vergeben, als dem heiligen Schelm. Ein für allemal hat er kein Gelübde
der Keuschheit gethan. Er ist Sclav seines Fürsten, seiner Obern, ja des ganzen Vaterlandes, um
desto mehr fühlt und genießt er die Freyheit seines
Herzens und seiner Neigungen. Aber der Mönch
und

und die Nonne — o ihr Unglücklichen, daß ihr glaubtet, es wäre möglich, die Reitze eurer Nerven auf ewig zu besiegen, ohne euch noch überdies zu kasteyen, denn ihr esset, ihr trinket, ihr lebt herrlich und in Freuden.

Doch, man würde sich irren, wenn man mich für den allgemeinen Lobredner des Kriegers ansähe. Vielmehr seh' ich bey aller der ungeheuchelten Achtung, mit welcher ich den Beschützer des Landes schätze, in seiner Art zu lieben dennoch mancherley Tadel, den ich sehn muß, wenn ich nicht unvollkommen arbeiten, und mir nicht den Vorwurf einer Blindheit zuziehen will. Ihr, deren edlerer Geist weit über meine darzustellende mißfarbige Bilder erhaben ist, ihr werdet lächeln und schweigen. Und das Gebell derer, die sich getroffen fühlen, gilt mir sogleich, als die stolze Wuth des Kallekutischen Hahnes.

Süßer, als der Biene die Lilje, ist dem schönen Geschlecht der Kuß eines Kriegers. Wo Mars mit seinen Söhnen wohnet, um nach langen Kämpfen eine Weile im Arm des Friedens auszuruhen, da siehst du blühender die Wangen der Dirnen und Gattinnen, und zahlreicher wird die Taufliste des Küsters, ofner ist jedes Herz den Lustbarkeiten und Freuden. Zuerst entzückt uns die Neuheit, mit denen bürgerlich und friedlich leben zu können, deren Hände kurz vorher täglich mit Blute besprützt waren. Der Held nützt diese Freuden, verdoppelt sie,

eilt

eilt zum Ziele wie sein Roß zum Angrif, und siegt, und wird Meister. Ha! sollte man denn den jungen Mann im netten Kleide nicht lieben, das, von keinen Falten entstellt, mit buntfarbiger Schattirung prangt? Seht, wie auf seiner Stirne Feuer und Muth glühet! Wie lieblich von seinen holden Lippen die schmeichelnden Worte fliessen! Wie sicher er Herzen besiegt, als wärens Feinde! Mit welcher Zuversicht er Gegenliebe fordert! Mit welcher Freymüthigkeit und Entschlüssung er Treue verspricht! Und wie du dargegen dastehst, armer einfach gekleideter Bürger! Wie auf deiner Stirne die Nahrungssorgen sich in Falten hüllen! Wie du ehrbar und altfränkisch einhertrittst, als wärst du noch Herr des Weibes wie vormals! Kein Muth, kein galantes Wort, kein Diensteyser, dich auf den ersten unsrer Winke für uns in Feuer und Wasser zu stürzen! — So denken Re Weiber, die Tiefdenkenden, die vom Bürger ihr Brodt essen.

Mehr noch im Kriege, als im Frieden, würke die Liebenswürdigkeit der Soldaten auf weibliche Herzen. Denn in diesem Zeitpunct hängt alles unbrauchbar am Nagel, was man im Frieden, Gesetze, Sitten, Ehrbarkeit nennet. Und der Krieger, welcher da eben im Begrif ist, seinen Werth im Staate, nehmlich die Gefahr seines Lebens bey Vertheidigung des Landes, mit der That zu zeigen, wird herrschsüchtig; die Weiber, immer des Stärksten Beute, immer voll Ehrfurcht für der Gewalt,

zittern

zittern und erwarten Befehle: man reicht ihnen die Hand, sie nehmen sie, schämen sich ihres Mißtrauens, werden fröhlich, und verscheuchen die Furcht für neuen Gefahren, durch Leichtsinn. Nach und nach werden ihre Sinne in süßes Wohlbehagen gewiegt. Mit ihnen schwebt der Officier in erhitzenden, schalkhaften Tänzen, indes der Gemeine seine zärtlichen Siege im vertraulichen Winkel beginnet. Bezaubernd tönt die militärische Abendmusic im Ohre des Mädchens. So was hören wir niemals von unsern bürgerlichen Jünglingen und Männern. Aber der muthige Held erheitert sich die gefahrvollen Stunden durch diesen Zauber. Wer wollt' an seinem Vergnügen nicht Theil nehmen?

Es ist besonders, aber wahr, daß das schöne Geschlecht an keinem öffentlichen Vorgange mehr Vergnügen findet, als an dem Exerciren der Soldaten. Fast immer werden sie lieber jede Augenweide, selbst das Schauspiel, entbehren, als die Uebungen des Militärs. Daß es Ausnahmen giebt, brauch' ich wohl nicht erst zu erinnern, wie ich denn überhaupt hoffe, man wird mir zutrauen, daß ich im Ton des Allgemeinen immer nur den größten Theil verstehe. Bey dieser Neigung nun müssen nothwendig die Läger noch weit lebhaftern Eindruck auf die Weiber machen. Und sie thuns auch. Eine Versammlung von Kriegsgeräthe und von Helden, mit dem Reize der Seltenheit vergesellschaftet, ist

aller

allerdings ein herrlicher Anblick. Aber in den Augen des Liebeglühenden Mädchens ists ein Elysium. Hier ist der Held in seiner Heimath. Hier blitzen seine Augen feuriger als jemals. Hier schmeichelt allen Sinnen eine zügellose Freyheit. Hier ist der Sammelplatz von einer großen Anzahl der schönsten Männer, wo das zärtliche Herz wählen und jeden Augenblick sich in neue Fantasieen von Wollust hineinträumen kann. Alles gafft die Schönen hier an, und bewundert ihre Reize, wärens auch nur mittelmäßige Schönen; denn lange musten die Krieger aller Töchter Evens entbehren, und es deucht ihnen nun doppelt süß das liebliche Wesen der Weiber.

So schwindelt der weibliche Busen von einer steilen Höhe zur andern, und fällt endlich, und wähnt sich noch glücklich im Fall. Der Soldat aber nützt diese weibliche Schwachheit zu seinem Vortheil. Denn die Geschlechtsliebe ist ein physicalisches Bedürfniß, der Reiz der Nerven lehrte sie uns, und sie kann nicht anders als durch schwere Kämpfe verdrängt werden. Dies ist nun aber eben nicht das Werk des Kriegers, so sanfte Gefühle zu verdrängen. Vielmehr sucht er sie zu nähren, und hängt sich an alles an, was ihm Gehör giebt. Billigen kann man dies freylich nicht, doch aber einigermaßen entschuldigen. Der Soldat vom höhern und niedern Range bekommt oft lange Jahre keine Erlaubniß, sich zu verheyrathen, oder es verbietets

ihm

ihm sein geringer Gehalt schon von selbst. Gleichwohl erinnert ihn das Blut der Jugend, ja nicht selten ein feuriges Temperament auch noch im herannahenden Alter, sehr oft daran, daß die Natur zwey Geschlechter schuf. Er fühlt dies, suchts zu genießen, und wird ein Herumschwärmer. — Aber daß Krieger Gegenliebe mit Ahnenstolze fordern, daß sie die Unschuld durch tausend Ränke ins Garn locken, und nach dem vollen Genusse geheimer Freuden im Elend verlassen, daß sie mit lachendem Muthe brave Weiber verführen, daß sie über wollüstigen Zeitvertreiben ihre militärische Pflichten vergessen, das ist strafbar, und diese Verbrechen stehen dem Helden noch viel schmutziger an, als dem Bürger.

Noch einmal muß ich zurückgehn auf die Vermuthung, daß die militärische Kleidung wohl wahrscheinlich sehr viel zu den Vorzügen beytragen mag, welche das schöne Geschlecht dem Soldaten für dem Bürger einräumet. Ich bestätige dies zugleich aus meinem eignen Beyspiel. Als ich in meinen jüngern Jahren der Fahne folgte, und in einem Posten stand, wo ich nach Belieben Uniform oder Bürgertracht tragen konnte, so hab' ich bemerkt; daß ich allgemein in der Uniform von jedem Weiberauge freundlichere Blicke bekam, als in gewöhnlichen Mannskleidern. Sogar meine zärtlichen Kleinigkeiten giengen mir in der Uniform besser von statten. Ja selbst meine Wirthin, eine Frau von funfzig

funfzig Jahren, war intereßirt dabey, und versicherte mir, daß ich in der Uniform ein noch einmal so lieber Herr wär, als im grünen Frack. — So weit geht die superficielle Denkart der Weiber; so sehr sind sie gewohnt, in einer schönen Schaale allemal einen lieblichen Kern zu suchen.

Auch in diesem Kapitel fehlt es mir nicht an mitgetheilten Beyspielen, welche die bis zu einem unglaublichen Grade getriebne Neigung des schönen Geschlechts gegen die Krieger beweisen. Ich werde deren zwey erzählen, und dann sogleich zu den folgenden Abschnitten forteilen.

„Mitten unter den unschuldsvollen Freuden „des Landlebens, im Schooße der Einsamkeit, und „fern von allem militärischen Umgange ward Nan„nette Haußnerin erzogen. Ihr Vater, ein rei„cher Landsaße, behielt sie bis in ihr zwanzigstes „Jahr bey sich in Wolkenthal, woselbst sie der be„sten und sorgfältigsten Erziehung genoß. Sie „ward zur vollkommnen Landwirthin vorbereitet; „ohne dabey in jenen bildenden und das menschliche „Leben so angenehm machenden Künsten, ich meyne „Musik, Lecture, Naturgeschichte, Geographie „und dergl. vernachläßiget zu werden. Sie liebte „nichts mehr, als die Einsamkeit, ihre Sticknadel, „ihre Bücher und ihr Klavier. Selbst dann, wenn „ihre Eltern nach der einige Meilen entfernten „Stadt fuhren, blieb sie oft aus freyer Willkühr zu

E 3 „Hause,

„Hause, und besorgte die häuslichen Angelegenhei-
„ten. In dieser Verfassung war sie, als einst ih-
„rer Mutter Bruder, ein Regierungsrath in W...
„nach Wolkenthal kam, um seine lieben Freunde zu
„besuchen. Er blieb einige Tage hier, und da er
„seit langer Zeit nicht zugegen gewesen war, so
„schuffen ihm seine Verwandten den ländlichen Som-
„meraufenthalt zum Himmel. Er war bezaubert.
„Vorzüglich war ihm Nannettens Dienstfertigkeit
„und ländliche Unschuld ein sehr süßer Gedanke. Er
„beschloß, sie auf einige Zeit mit sich in die Stadt
„zu nehmen, um ihr die städtische Politur, an der
„es ihr nach seinen Gedanken noch hier und da feh-
„len mochte, vollends beyzubringen. Es hielt
„schwer, ehe er der Eltern Einwilligung dazu be-
„kam, und noch schwerer, ehe Nannette sich ent-
„schliessen konnte. Die einzige Ursache, welche sie
„endlich dazu bewog, war die Freundschaft zwischen
„ihr und des Regierungsraths Tochter, welche bis-
„her, wegen seltner Zusammenkünfte, nur durch
„vertraulichen Briefwechsel war unterhalten wor-
„den. Eigentlich war es auch des Regierungsraths
„Hauptabsicht, daß seine Tochter, indem sie Nan-
„netten in der Etiquette und dem Modeton der
„Städte unterrichtete, von diesem Mädchen hinwie-
„derum mancherley andre reellere Vorzüge des Cha-
„racters und der Oeconomie lernen sollte. Allein
„leider gieng es hier, wies in der Welt oft herzu-
„gehen pfleget, nehmlich daß der bessere Character
„wohl

„wohl nach dem fehlerhaften sich bildet, nicht aber
„umgekehrt."

„Nannette gab also den dringenden Bitten des
„Oncles nach, und der Tag zur Abreise ward fest-
„gesetzt. Nach traurigen Abschieden fuhren unsre
„Reisenden weg, und kamen glücklich in W... an.
„Des Regierungsraths Tochter, Sophie, war in-
„nigst erfreut über den unerwarteten Besuch. Sie
„hatte keine Mutter mehr, besorgte daher ganz al-
„lein die Wirthschaft bey ihrem Vater, und ließ
„sich auf alle Art angelegen seyn, Nannetten den
„Aufenthalt in W... angenehm zu machen. Diese
„blieb eine lange Zeit gleichgültig gegen alle ihr
„verschafte Vergnügungen. Sogar suchte sie sich
„so viel als möglich davon auszuschliessen. Allein
„es trug sich nach einigen Wochen ein besondrer
„Vorfall zu, der in Nannettens Brust eine wichti-
„ge Veränderung hervorbrachte. Die zwey Mäd-
„chens waren miteinander zu einer Frühvisite ge-
„wesen. Sie giengen die Hauptwache vorüber,
„als eben Wachparade war. Dies war etwas ganz
„neues und angenehmes für die sonst so unempfind-
„liche Nannette, und sie konnte sich nicht enthalten,
„einige Minuten dabey stehen zu bleiben, ohnge-
„achtet Sophie sie ernstlich weiter zu gehen erinner-
„te. Einer von den gegenwärtigen Officieren faßte
„sich die Mädchens ins Auge, sie gefielen ihm, er
„erfragte ihr Logis bald, und schon am folgenden
„Tage hatte er Gelegenheit gefunden, dem Regie-

„rungs-

"rungsrath die Visite zu geben. Dieser, ein Mann
"voll Welt und Klugheit, begegnete ihm sehr höflich,
"ließ auch noch obendrein seine zwey schönen Haus-
"genoßinnen rufen, um sie dem Hauptmann vor-
"zustellen, der nicht minder alle Reitze der Jugend
"und Schönheit besaß. Sehr vergnügt über den
"glücklichen Erfolg seiner Absicht, wandte der Ba-
"ron von T..., so hieß der Hauptmann, all seine
"gefällige und einnehmende Beredsamkeit an, den
"Schönen zu gefallen, und er verfehlte seinen Ent-
"zweck nicht. Nannette fühlte ganz neue und
"fremde Regungen in ihrem Busen, sie sprach we-
"nig, ward roth, wenn man mit ihr redete, und
"sah den Herrn Hauptmann mit einer Art von ge-
"heimen Widerwillen weggehn. Sophie hingegen,
"die mehr Kenntniß von städtischen und militärischen
"Schmeicheleien besaß, blieb kalt, um so viel mehr,
"da sie den Hauptmann als einen allgemeinen
"Mädchenverehrer kannte. Demohngeachtet suchte
"sie Nannetten, deren Gefühle sie nothwendig mer-
"ken muste, nicht von einer so gefährlichen Neigung
"abzurathen. Ihre schwesterliche Absicht war,
"dem guten Kinde auch eine geheime süße Unterhal-
"tung zu gönnen. Daher lenkte sie am folgenden
"Abend, beym Schlafengehen, das Gespräch auf
"den Hauptmann, und brach in tausend Lobeserhe-
"bungen über ihn aus. Dies traf Nannettens
"Seelenfülle. Der geheime Funke glomm heller
"auf, und die Nacht vergieng, bey unterbrochnem
„Schlafe,

„Schlafe, mit süßen Schwärmereyen. Kurz:
„durch Sophiens Vermittlung waren der Haupt-
„mann und Nannette sehr bald genau miteinander
„bekannt, ja sie fiengen bereits an, geheime Zusam=
„menkünfte untereinander anzustellen."

„Allein bey der ländlichen Ungezwungenheit,
„und bey dem Mangel an Verstellungskunst konnte
„Nannettens Geheimniß dem Regierungsrathe nicht
„lange verborgen bleiben. Er merkte es, er rief
„Nannetten allein auf sein Zimmer, und ermahnte
„sie ernstlich von dergleichen Schwachheiten ab; so
„wie er denn auch in seine Tochter drang, ihm al-
„les genauer zu entdecken, welche aber, vom fei-
„nern großstädtischen Gifte längst verderbt, stand-
„haft versicherte, daß sie gar nichts genaues wüste.
„Dieser verschlagne Mann aber kam haarklein hin-
„ter alles. Er berichtete es auch mit vielem Be-
„dauern an Nannettens Eltern und bat sich Ver-
„haltungsregeln aus. Ehe aber die Antwort zu-
„rückkommen konnte, war die Dirne mit ihrem
„Lieblinge bereits über alle Berge, ohne daß sogar
„Sophie das mindeste davon wuste. Der Haupt-
„mann hatte beym Regiment auf vier Wochen Ur-
„laub genommen, und während dieser jetztgenann=
„ten Zeit erfuhr man nicht das mindeste von Nan=
„netten. Bey Endigung des Urlaubs stellte sich
„der Hauptmann, jedoch allein, wieder ein, und
„als man ihn zur Rede setzte, so gab er mit vieler
„Empfindlichkeit zu verstehen, daß er gar nichts von

E 5 „dem

„dem Mädchen wiſſe, und man möchte ihn mit
„dergleichen verfänglichen Fragen verſchonen. Ohne
„Gewißheit und ohne Zeugen konnte man nichts
„mit ihm anfangen, muſte alſo mit ſolchen nieder-
„trächtigen Entſchuldigungen ſich abſpeiſen laſſen."

„Allein es vergiengen nur wenige Tage, als
„der Regierungsrath einen Brief aus Wolkenthal
„erhielt, worinnen man ihn benachrichtigte, daß
„Nannette wieder bey ihren Eltern ſey. Sie
„war mit Thränen ihrer Mutter zu Füßen gefal-
„len, hatte alles bekannt, auch ſogar, daß der
„Officier, der ihr die Ehe verſprochen, ſie zu uner-
„laubten Handlungen halb gezwungen, und ſodann
„heimtückiſch verlaſſen habe; ſie wiſſe auch nicht
„wo er hingekommen ſey. Die gerührte Mutter,
„die alles auf die Leichtgläubigkeit ihres Kindes
„ſchob, vergab ihr, beſänftigte den Vater, und
„Nannette ward wieder zu Gnaden angenommen."

„Es vergiengen mehrere Monathe, und man
„ſah aus Nannettens zuvertraulichen Umgange mit
„dem Hauptmann keine ihrer Ehre nachtheilige Fol-
„gen entſtehen. Dies beruhigte ihr bedrängtes
„Herz, ſie ward wieder vergnügt wie vorhin, und
„die Eltern vergaſſen nach und nach alle Thorheiten
„ihres einzigen Kindes."

„Mit der wiederkehrenden Seelenruhe aber
„kehrte auch der Leichtſinn zurück. Es kam ein
„junger,

„junger, allerliebster Cornet nach Wolkenthal ins
„Quartier. Er machte sich auf dem Hofe bekannt.
„Dem Vater ahndete ein neuer Kummer. Er
„begegnete dem Cornet allemal kalt, und bat ihn
„niemals, wiederzukommen. Dieser aber kam un-
„gebeten. Er ließ sich keine finstre Gesichter ab-
„schrecken,, um so mehr, da er merkte, daß die
„schöne Nannette ihn gern sah. Würklich war
„auch ihre alte Neigung gegen den Soldaten mit
„seiner Ankunft völlig wieder aufgewacht. Man
„sollte meynen, da sie das erstremal so betrogen
„worden, würde sie furchtsamer und mißtrauischer
„geworden seyn. Aber nein! sie rennte spornstreichs
„wieder in die Falle, und gab den feurigen Ver-
„suchungen des jungen Kriegers Gehör. Als die
„Eltern sie mit Thränen baten, sich nicht noch einmal
„in ihr eignes Verderben zu stürzen, bekannte sie
„freymüthig, daß sie in diesem Falle ihre Leiden-
„schaften schlechterdings nicht überwältigen könne,
„und sie würde nicht eher ruhen, bis sie mit dem
„Cornet verheyrathet wäre. Die Eltern, die ihr
„Kind gern glücklich wissen wollten, gaben nach.
„Der Cornet warb um Nannetten. Man willigte
„ein, in sofern er nehmlich höhern Orts Erlaubniß
„zum heyrathen bekäme. Er schrieb hierauf dieser-
„wegen an seinen Vater, der Obrist war. Allein
„anstatt eine günstige Antwort zu erhalten, ward
„er vielmehr als Arrestant von Wolkenthal weg,
„und auf seines Vaters Güther geführet, wo selbst

„er

„er, nach erhaltnem Abschiede, dem ländlichen Leben
„geweiht, und unter tausend Verweisen seines un-
„besonnenen Vorhabens, ein Bürgermädchen zu
„heyrathen, mit einem jungen Fräulein von großem
„Vermögen vermählt wurde."

„Nannette war untröstlich. Die Eltern such-
„ten alles hervor, sie zu besänftigen. Sie sannen
„auf Mittel, sie an einen braven Mann in der
„Stadt zu verheyrathen. Aber umsonst! Nan-
„nette trotzte selbst der Gewalt. Zur Vermehrung
„des Kummers erfuhren die bestürzten Eltern sogar,
„daß sie bereits wieder mit einem Feldwebel im
„Dorfe sich eingelassen habe. Aber auch diesmal
„gaben sie nach. Sie lockten Nannetten ein
„eignes Geständniß ab, machten sodann den Feld-
„webel, der würklich ein braver Mann war, von
„den Soldaten los, verwickelten ihn mit in ihre
„Landwirthschaft und verheyratheten ihn mit Nan-
„netten."

„Allein das junge Paar lebte nur wenig Mo-
„nathe glücklich. War Nannette ihrem Manne
„nur deswegen nicht mehr gut, weil er nicht mehr
„Soldat war, oder machten wieder andre Krieger
„Eindruck auf ihr militärisches Herz, kurz: sie
„ward ihrem Manne untreu, und spielte, vermöge
„ihrer in der großen Stadt erlernten Kenntnisse
„der Coquetterie, mancherley geheime Liebeshändel
„mit Officieren und Unterofficieren. Vater und
„Mann mogten sagen und vorstellen, was sie woll-

„ten,

"ten, Nannette bekannte nichts, und trieb ihre Le-
"bensart fort. Beyde starben endlich, wahrschein-
"lich vor Gram über die Unbesonnene. Nannette
"aber lebt noch, als Besitzerin von dem Guthe,
"welches ich hier Wolkenthal genennt habe. Ohn-
"geachtet sie sich nicht wieder verheyrathet hat,
"auch bereits in den Vierzigen ist, so setzt sie doch
"ihre vorige Lebensart ununterbrochen fort; und
"ihre Mutter, durch einen Schlagfluß ganz kindisch,
"schleicht wie ein Schatten umher. Beyden droht
"Mangel und Elend, denn Wolkenthal ist völlig
"verschuldet. Sollte die Besitzerin dies Buch in
"die Hände bekommen und sich getroffen fühlen, so
"mag sie einem alten Beobachter des menschlichen
"Herzens vergeben, der theils sie selbst gern noch
"gebessert und glücklich sehn möchte, theils auch der
"noch unverführten Unschuld, und denen der mili-
"tärischen Liebe zu sehr ergebnen Mädchen und
"Weibern ein Beyspiel aufstellen wollte, welches
"ihren Herzen eine nützliche Lehre geben kann."

Wir kommen zum zweyten Beyspiel einer
grenzenlosen und bis zur Thorheit ausgearteten
Soldatenliebe. "Henriette war die jüngste von
"drey Schwestern eines in Dürftigkeit auf dem
"Lande lebenden Vaters. Schon oft hatte sie ganz
"besondre Zuneigung gegen das Militär bezeiget,
"welches man aber Anfangs nur für eine fast Allen
"vom Weibergeschlecht eigne Liebe zu den bunten,
"wohlgeordneten und mit Waffen spielenden Reihen
"hielt.

„hielt. Allein schon in ihrem 17ten Jahre gab sie
„lebhafte Beweise, daß ihre Gunst für dies glän-
„zende Schauspiel in unbezwingliche Liebe gegen
„den Martissohn übergegangen sey. Sie sprach
„mit jeder Mannsperson gleichgültig, die nicht Sol-
„dat war, aber sobald ein Krieger auch nur vor-
„über gieng, so ward er von ihr bemerkt, in Be-
„urtheilung genommen, und mehrentheils ihrer
„Sehnsucht nach ihm würdig befunden. Der Va-
„ter ward es inne; aber er schwieg, bis er nach
„einiger Zeit Gelegenheit fand, das Mägdlein über
„dergleichen Geschäften zu ertappen. Denn sie
„gieng einst an einem schönen Herbstabend mit ei-
„nem Gemeinen, der aber ein Muster von schönen
„Männern war, hinterm Dorfe spatzieren. Sie
„glaubte sich ganz sicher, indes ihr Vater immer
„jenseit des Dorfgrabens, hinter den Weiden, dem
„Pärchen zur Seite wandelte. Er hörte die zärt-
„lichsten Worte, und die oft bis zum Busen herab-
„irrenden Küße eine Weile mit an. Plötzlich aber
„brach er sodann hervor, setzte über den Graben,
„riß die Umschlungenen aus einander, und zerrte
„Henrietten mit sich nach Hause. Hier las er ihr
„den Text tüchtig, und versicherte sie, daß, sobald
„er wieder dergleichen erniedrigende Aufführung von
„ihr entdeckte, er sie verstoßen, und gar nicht mehr
„für sein Kind erkennen würde. Das Mädchen
„weinte, gelobte Besserung, war aber gewiß in
„ihrem Herzen überzeugt, daß man ihr Unrecht
„that,

„that, und zu Unmöglichkeiten sie zu zwingen „suchte."

„Unterdessen meldete sich ein Freyer, ein bra„ver junger Mann, der in einer acht Meilen ent„fernten Stadt Advokat war. Er hatte den Va„ter und sein Kleeblatt vor einiger Zeit auf einem „Masquenball kennen gelernt, und daselbst von „Henrietten, vermuthlich weil er in Husarenuni„form gegangen war, eine sehr einnehmende Be„gegnung genossen. Er schloß, sehr unrichtig, aus „ihrem gefälligen Betragen auch auf größere Vor„züge, und da er an dem Vater einen alten Deut„schen ohne Cärimoniell gefunden hatte, so schrieb „er gradezu an ihn, und warb um seine jüngste „Tochter. Die Art, mit der er dies that, nahm „den Vater ein. Er bekam Zutrauen zu dem jun„gen Manne, und reiste, anstatt zu antworten, „selbst zu ihm. Nach einigen gleichgültigen Un„terredungen kamen sie auf den Hauptpunct, wo „denn der Alte ihm sagte, daß er zwar seine Ein„willigung sogleich geben wolle, um so viel mehr, „da er bey seinen mittelmäßigen Vermögensumstän„den mit der Verheyrathung seiner Tochter gar „nicht rückhaltend seyn dürfe, daß aber von Seiten „seiner Tochter das Jawort schwerlich zu erhalten „seyn würde, indem sie so sehr am Soldatenstande „hienge, daß sie ein Mann von bürgerlichen Ge„schäften fast anekelte. Er hätte inzwischen doch „ein Project im Kopfe, welches, wenn es anders

„dem

„tem Advocaten gefiele, die Absicht vielleicht zu er-
„reichen dienen könne: Nehmlich, er, der Advo-
„cat, solle, mit der hierbey erforderlichen Vorsicht,
„ihn, den Vater, in Husarenuniform besuchen,
„und einige Tage bey ihm bleiben, während wel-
„cher Zeit es ihm allen Vermuthen nach sehr leicht
„fallen würde, die Tochter zu gewinnen. Der
„Advocat lachte über den schnurrigen Einfall des
„komischen Alten, war aber seine Ausführung herz-
„lich gern zufrieden. Der Vater reiste inzwischen
„wieder nach Hause. Nach acht Tagen erschien
„der junge Husarenlieutenant in Sommerbergen.
„Der Vater betrug sich gleich sehr bekannt gegen
„ihn, und nöthigte ihn, einige Tage hier zu ver-
„weilen. Dieser nahms nach einigen Weigerun-
„gen an. Schon lachte Henrietten das Herzchen
„im Leibe. Es bedurfte auch nur einiger aufmerk-
„samer Mienen und einer einsamen zärtlichen Un-
„terredung von Seiten des verstellten Officiers, so
„hatte er Henriettens Herz völlig in seiner Gewalt.
„Wie denn auch würklich nach einigen Tagen die
„Sache so weit kam, daß der Lieutenant, mit
„Henriettens Uebereinstimmung, bey ihrem Vater
„um sie anhielt. Dieser schien anfänglich bestürzt;
„als er aber theure Versichrungen von dem Lieu-
„tenant erhalten, daß es ihm zu heyrathen erlaubt
„sey, so ließ er Henrietten allein zu sich kommen,
„und trug ihr die Sache vor. Sie gab ihr Ja-
„wort mit Freuden, und schon am folgenden Tage
„hielt

„hielt man, wegen vorgegebenen Dienst des Lieu-
„tenants, die Verlobung. Hierauf reiste der Offi-
„cier nach Hause, um seine Geschäfte zu besorgen.
„Nach vierzehn Tagen kam er wieder, während
„welcher Zeit die kleine Hochzeit veranstaltet wor-
„den war. Das Pärchen wurde nunmehro ge-
„traut, und der vermeinte Husarenofficier führte,
„nach einer noch in Sommerbergen zugebrachten
„Woche, seine junge Frau mit sich nach der Stadt.
„Sie hatte ihn unterwegs oft gefragt, warum er
„bey der schönen Witterung immer im Ueberrocke
„bliebe, und nicht lieber die leichte Uniform allein
„trüge. Was er geantwortet, weiß ich nicht, das
„aber weiß ich, daß den folgenden Morgen, als
„sie kaum aufgestanden waren, eine Menge Clien-
„ten sich herzudrängten, welche durch die lange
„Abwesenheit des Advocaten in große Verlegenheit
„waren gesetzt worden. Henriette riß die Augen
„gewaltig auf. Das Wort starb ihr im Munde,
„als sie fragen wollte, was das heißen solle? Gern
„hätte sie Lerm gemacht, aber sie fürchtete sich des
„Auslachens, wenn man den Verlauf der Sache
„erführe. Und als man ihm vollends Briefe ein-
„händigte, wo er ausdrücklich auf der Aufschrift
„Advocat genennet wurde, als er, anstatt auf die
„Wachparade zu gehn, in bürgerlicher Kleidung
„nach dem Rathhause gieng, da wär sie lieber in
„Ohnmacht gesunken."

F „Allein

„Allein ihr Mann war eben derjenige, wel=
„cher sie noch zu rechter Zeit von der Thorheit zurück-
„brachte. Er nützte gleich das erste Erstaunen, ihr
„vorzustellen, daß sie bisher nicht sowohl in die
„Soldaten, als vielmehr in die Uniform und in
„das soldatische Betragen verliebt gewesen sey: Er
„sey ja noch derselbe, den sie vor acht Tagen so
„feurig das erstemal als Gatten geküßt habe. Kurz:
„es gelang ihm, Henriettens Sinn zu ändern,
„und ihr durch Thatsachen zu beweisen, daß der
„Soldat und der Bürger liebenswürdig seyn kön-
„nen — und sie führen noch iezt die glücklichste,
„zufriedenste und einträchtigste Ehe."

Nun könnt' ich noch eine Menge Weibleins
und Mägdleins aufstellen, welche mit Liebe saugen-
den Blicken an den schönen Helden hangen, welche
ihren Vätern und Männern das Geld stehlen, um
ihren geliebten Kriegern Pasteten und Krafttorten
backen zu lassen, welche halbe Nächte an Hausthü-
ren lauern, um Lieutenants sowohl als Musque-
tiers zu begünstigen, oder am hellen Morgen den
ermüdeten Feldwebel bey sich im Bette finden lassen,
indes seine Kammeraden ihn ängstlich suchen. Aber
es sey fern von mir, so viel Feindschaft des schönen
Geschlechts auf mich zu laden! Ich begnüge mich,
einige Geschichten von der Art erzählet zu haben,
welche zureichend seyn können, die auf keine Dauer
gegründete Soldatenliebe verdächtig zu machen.

Achtes

Achtes Kapitel.
Fürsten- und Hofliebe.

Cythere herrscht wohl an keinem Orte unumschränkter und angebeteter, als in den glänzenden Pallästen der Fürsten und Großen des Reichs. Hier ist ihr ewiger Wohnsitz, hier ihr Tempel und ihre Freystatt, hier der Sammelplatz ihrer Trophäen. Allein hier verbirgt sie sich auch am meisten in geheimnißvolles Dunkel. Auch leidet sie ungern, daß man über ihre Siege ein Urtheil fället. Daher bleiben die meisten Liebesintriguen der Höfe verborgen, oder, besser gesagt, man muß sie sich nur ins Ohr flüstern und darf nicht laut davon sprechen.

Dem ohngeachtet fehlt es dem scharfsichtigen Auge nicht an stillen Bemerkungen auffallender Scenen. Denn oft wird hier die Gerechtigkeit durch weibliche Willkühr verwaltet, hier ertönen Gesetze von weiblichen Lippen, und die Wissenschaften müssen ihren Nacken unter den Eigensinn der Weiber beugen. Hier ruht die Dame vom erstem Range in den Armen des Kammerdieners und der vom ganzen Lande angebetete Minister wird an dem Busen der Zofe gewiegt. Sogar fürstliches Blut vergißt nicht selten seines erhabenen Stammes, und wirft sich in die Umarmungen des Pöbels. Oft wird seine Sehnsucht unersättlich, ja sie artet bis zur wahren Erniedrigung aus.

Hier, wo tausend köstliche Speisen, erhitzende Getränke, Musik, Tanz und alle Arten der Ergötzlichkeiten unaufhörlich einander ablösen, da vergessen die Damen ihre vom Luxus ausgemergelten Höflinge, und sehnen sich nach den Umarmungen des kernfesten Cürañirs, oder des zum erstenmal am Hofe erscheinenden nervigten Landjunkers: da indes der aus seiner Entnervung sich unaufhörlich emporarbeitende Höfling an dem Busen eines frischen, vollwangigten Mädchens sinkt, um durch ihren balsamischen, blumigten Aushauch wieder stark, und vollkommnerer Wollust fähig zu werden. Ueberhaupt scheint die Liebe hier all ihre natürlichen Freyheitsrechte zu behaupten, denn sie geht nur nach Genuß von Schönheit, Gesundheit und Jugend, ohne sich im mindesten an Stand und Ahnen zu binden. Denn die Ehen, welche an Höfen allerdings, mehr als im bürgerlichen Leben, nach Privatabsichten, nach Stand, Reichthum und Verbindungen mit großen Häusern geschlossen werden, sind selten eine Folge von Liebe, noch weniger ein gesetzmäßiger Beruf zur Liebe, sondern ein bloßes politisches Cärimoniell.

Jene hochgewölbte Grotten im fürstlichen Garten, jene schattigte Lustwälder, jene marmorne, von der zärtlichen Fontaine umsäuselte Lusthäuser, jene

indiani-

indianische kleine Palläste, wo auf weichen, seidnen, elastischen Sophas Amor zum Spiel winkt, jene auf dem umzingelten See der erquickenden Kühlung geweihte Gondeln, dies, Höfling, sind deine Freudengeber, von denen du Tag und Nacht träumst! Hier macht der Reiz der Natur und die ungestörte Stille die Liebe doppelt schön, denn wer zittert nicht, einer geheimen Grotte sich auch nur von ohngefähr zu nähern, wo Genossen des Hofs der Zärtlichkeit huldigen?

O wie oft wird hier ein zuvor unmögliches Gesuch erlangt! Wie oft erlaubt die arme Bürgerin dem genäschigen Höflinge zärtliche Freyheiten, um sich und ihrem Gatten einen sorglosern Unterhalt zu verschaffen! Wie oft verliert hier selbst der Fürst oder die Fürstin die Gewalt der Gerechtigkeit, und wird verleitet, Recht zu schmälern, Unrecht zu schützen! Wie oft werden endlich ganze Länder das Opfer von den zügellosen Ausschweifungen glänzender Höfe im Gebiet der Liebe! Denn der Unterthan, der entweder zugleich leichtsinnig wird, oder im entgegengesetzten Fall, über den in ewigen Freuden herumgaukelnden Hof sich ärgert, muß alles, was er mühsam erwirbt, hingeben zum Schwelgen seiner Beherrscher.

Aber so leichtsinnig, so frey und zügellos auch hier die Liebe ist, so ist sie dennoch nicht immer von Eyfersucht frey. Zitternd führt mancher Höfling seine junge Gemahlin bey Hofe ein, und oft ists der Fürst selbst, den er am meisten fürchtet. Manche Dame schielt unruhig nach ihrem Gemahl hin, daß nicht etwa sein vor kurzem erst von ihr besiegtes Herz das Joch wieder abschüttle und verführt werde. Diese Eyfersucht ist aber nur selten eine Folge von wahrer feuriger Liebe. Mehrentheils ist sie Stolz, oder Eigennutz, oder Herrschsucht. Denn oft sind die am geschwindesten eyfersüchtig, welche, vermöge ihrer eignen Ausschweifungen, die wenigsten Ansprüche auf unverbrüchliche Treue zu machen haben.

Jene Freyheit in der Liebe an Höfen, vermöge welcher sie sich gleichsam allen bürgerlichen Pflichten in der Liebe entziehn, scheint ihnen von uralten Zeiten her eigen gewesen zu seyn. Dies beweisen uns sogar schon die Geschichten der Höfe im alten Testament, dies die Bücher der von kayserlichen und königlichen Ausschweifungen handelnden römischen Geschichtschreiber, dies die häufigen Romane, Reisebeschreibungen und Biographieen in allen lebendigen Sprachen, seit vielen Jahrhunderten bis auf unsre Zeiten. Immer nahm man sich an Höfen in Ansehung des sechsten Gebots mehrere Freyheiten heraus, als im bürgerlichen Leben. Immer schien es weniger auffallend, wenn Majestäten, Durchlauchten, Excellenzen und Gnaden die Pflichten der Sittsamkeit, Ehrbarkeit und Unschuld bey Seite setzten. Noch vor wenigen Jahren reiste ich durch eine prächtige Residenz, wo

ich

ich Gelegenheit genug hatte, mich von der Wahrheit dieser Meynung zu überzeugen. Unter andern habe ich verschiednemal bey der offnen Tafel den Leichtsinn der weiblichen Fürstlichkeiten angestaunet. Indes das würdige Haupt, ernst und grau, mit seinem gleichwürdigen Nachbar von der Wohlfarth des Landes sich unterhielt, schielten jene mit brünstigen Blicken nach den schönen bürgerlichen Jünglingen, die unter den Zuschauern waren; und die Laquaien berührten mit vieler Freymüthigkeit, beym jedesmaligen Umwechseln des Tischgeräthes, ihre bis zum Mittelpunct entblößte Busen, die inzwischen, durch tausend Ausschweifungen entstellt, vielleicht weniger reitzend waren, als die der Geringsten unter dem herzubringenden Volke. — Und wer kennt nicht die Streifereyen, welche noch in unsern Zeiten große Regentinnen im Gebiet der Liebe wagten, die aber jedermann mit Gleichgültigkeit ansah, gleich als wären anderweitige Verdienste im Stande, einen Flecken ganz zu verhüllen, daß er nicht mehr schmutzig erschiene.

Dennoch ist es nicht zu leugnen, daß die deutschen Höfe jezt für andern anfangen, die groben Ausschweifungen zu vermeiden. Wenigstens zeigen sich unsre Fürsten in diesem Falle ädler als jemals. Fast wird man nichts mehr von Maitreßen, von natürlichen Söhnen, von unächten Thronfolgern hören. Auch die Minister weihen sich eifriger dem Wohle des Staats, anstatt daß sie vormals
ihre

ihre Zeit nur üppigen Lüsten opferten. Seltner sind jeho die höchstwichtigen Aussprüche und Machtworte der Großen in der Gewalt buhlerischer Weiber. Und ob zwar freylich die niedrigere Klasse der Hofleute, noch vielleicht nicht sobald aus dem Schlamme des Luxus und der Ueppigkeit sich herausfinden wird, so schadet doch ihr sträfliches Beyspiel weniger, als das Beyspiel der Regenten und Minister, da sie noch die Gesetze der Keuschheit, Mäßigkeit und Sittsamkeit öffentlich mit Füßen traten.

Vater deines Volkes, unsterblicher Friedrich, du gabst früh die Ansprüche auf Zärtlichkeit freywillig auf, um dich ganz allein dem Ruhme des Helden und dem Wohle deiner Unterthanen zu weihen! Und du, erhabner August, an der Hand der treuen Amalie, die die zärtlichste Mutter ist; du Joseph, du Franz, all ihr Edeln, von deren Höfen die Tugend anhaltend fortfährt den Leichtsinn zu verdrängen, und sie den Nationen als im Beyspiel der Mäßigkeit und Sittsamkeit aufzustellen: euch wird göttlicher Beyfall, und blühender Wohlstand eurer unentnervten Staaten belohnen, wenn anders der Unterthan dem Beyspiele seines liebenswürdigen Beherrschers folgen will!

Aber auch an andern Höfen, außer Deutschland, arbeitet sich der Adel des Herzens zwischen den gefährlichen Klippen des Leichtsinns herauf. Haben wir deren nicht viele Beyspiele? Stürzte nicht

nicht auch Dännemark jene Unglücklichen, die die Königin verführen, und zugleich Theil am Reiche nehmen wollten? ob zwar freylich hier wichtigere Ursachen im Spiel waren? Nur das kann ich den edeln Dänen noch nicht verzeihen, daß sie der braven Caroline die Krone nahmen, und nicht thätiger waren, ihre Unschuld zu retten. Diese erhabne Brittin starb, in der Blüthe der Jahre, vom Grame verzehrt, in Gefängnißmäßiger Einsamkeit; und doch sprach ganz Dännemark, ganz England laut von ihrer Unschuld und Tugend!

Neuntes Kapitel.
Ländliche Liebe.

Seyd mir gegrüßt, süßduftende Wiesen, gegrüßt, verschwiegne Wälder, gegrüßt schattigte Thäler, vom rieselnden Silberstrome umgürtet! In euerm Aushauch des Glücks der Liebe genießen, ist Erdenseligkeit. Tausendfältig verschönert ihr die Annehmlichkeiten der Liebe. O wars nicht Thorheit, wie oft hätt' ich euch angebetet in den Jahren des Jünglings, als noch Locken der Jugend meine Scheitel umkränzten, und an meinen Armen ein reizendes, schmachtendes Weib hieng! Da empfand ich

ich noch ganz, welche unaussprechliche Vorzüge das Landleben zärtlich verbundenen Herzen gewähret. Da begrüßt' ich die Morgensonne im Arm der Liebe, glomm, begleitet von dem Feuerblick des dankbar zum Himmel gewandten weiblichen Auges, steile Gebürge hinan, die Allerleuchtende zu empfangen. Da erschien mir in nahen und fernen Gefilden die Wollenheerde, und der stolze Stier mit seinen zum Morgenmahle läutenden Weibern. Ich sah diese lebendigen Schätze des Landwirths und freute mich ihrer im Arm der Liebe. In der Gartenlaube, gegenüber den speisenden Fischern und dem Mahle der Schnitter, aß ich und trank, mit dankbarem Herzen gegen den Geber, im Arm der Liebe. Wenn dann nach herbeygekommnen Ziele nützlicher Arbeiten, am abgekühlten Abend von meiner müden Stirne der Schweiß floß, da trocknete ich ihn, nahm die Hand meiner Gattin, und wir begrüßten wieder die feyernden Gefilde. Unser Blick sah die Heerden, die er früh ankommen sah, wieder in ihre Horden und Ställe zurückkehren, sah das Hinabsinken des Weltlichts mit Entzücken, aber auch mit Sehnsucht, und mit Hofnung des Wiederkehrens. Siehe, da stieg uns herauf überm dunkeln Gebürge der silberne Mond im wandelnden Licht. Wir sahn ihn, und freuten uns sein, und kehrten dann, in Florens Blumengedüft, zur ländlichen Wohnung zurück. — O wie heilig rauschten uns oft die Riesen der erquickenden Wälder entgegen!

Wie

Wie mächtig luden sie uns ein zu Küßen und zärtlichen Scherzen! Wie oft tönte Echo, das Lose, unsre Nahmen zurück, wenn wir uns muthwillig von einander verirrten, und dann, würklich ums Wiederfinden besorgt, einander zuriefen! Wie oft hiengen wir uns an die leeren Letterwagen, wenn sie aufs Feld gefahren wurden, den Segen Gottes in die Scheuern zu sammeln! Wie oft winkt' uns am Rebengelender des fleißigen Winzers die röthliche Traube! Wie oft glitten wir auf schneeigten Bergen und in schneeigten Thälern, von Löwen und Drachen und Schwanen gezogen, als hätten wir Flügel, durch Straßen und Dörfer! — O du bist schön, Cythere, auf dem Lande, tausendmal schöner, als in zwangvollen Städten. Hier ruft Einfalt zur Treue, und zur Mäßigkeit Arbeit. Hier ist Freyheit und Seelenruhe, hier Eintracht und Tugend!

Aber o weh! daß auch diese gepriesne Liebe in die Sclavenkette des Verderbens geschmiegt ist! Verscheucht ist von unsern ländlichen Fluren die Einfalt der Sitten, die Mäßigkeit, die Treue, die Eintracht! Ihre Bewohner lernten von den Städtern feinre Ausschweifungen, Luxus und Falschheit; lernten, bey der Wahl der Gatten mehr auf Heyrathsguth und schöne Kleider, als auf Güte des Herzens, auf Frömmigkeit und Treue sehen; lernten Mädchen bethören und Weiber verführen; lernten, die Nervenkräfte der Jugend leichtsinnig ver-
schwen-

schwenden, um in spätern Jahren zu darben, um im Männeralter schon Greise zu seyn. Grenzenlos irrt ihr, mahlende Dichter, die ihr in ländlicher Liebe uns Arcadien herträumt! Nur wenige Städter, die dem Verführungsgifte der Höfe und der Städte entfliehn, eilen aufs Land, und finden da für sich selbst arcadische Freyheit, finden die wohlthätigen Freuden der reinen Natur und der ländlichen Stille. Aber der Landmann kennet das Glück nicht, das Mutter Natur ihm beut. Er stößt es mit Füßen von sich, und ringt nach fremden Sitten. Geh, schöpfrischer Dichter, auf die von Arbeitern wimmelnden Felder, und sieh, wie unaufhörlich das Auge des Mähders und Schnitters von unreiner Wollust funkelt; geh in die Ställe, und sieh die Opfer der Unzucht; verweile einen Augenblick in der Schenke, und sieh die erhitzenden Tänze, welche die Geilheit erfand. Frage dann die Jünglinge und Dirnen am folgenden Morgen, wie sie die Nacht vollendet? nicht einmal im schwelgenden Tanze, nein! mit schändlichen Zeitvertreiben, die das Glück der Seele, den Adel des Herzens und die Gesundheit vertilgen. Blick ins Innerste der ländlichen Ehen; sieh da die unendlichste Zwietracht, sieh mit gleichgültigem Muthe begangne Befleckungen des Ehebettes, sieh Leichtsinn in der Erziehung, sieh tausend selbstbereiteten Mangel und Elend. Und die Stifter der Ehen sind, nebst dem wiehernden Geschlechtstriebe, fast,

immer

immer Dummheit oder Eigennutz. — Dies Gemälde von der Liebe des Landmanns leg' ich jedem scharfsichtigen Beobachter für Augen, und frag' ihn öffentlich, ob es nicht wahr und treffend sey? Untersuchet es selbst. Gewiß, ihr werdet mich rechtfertigen und mit mir trauern!

Aber o wie glücklich seyd hingegen ihr, die ihr der Stadt entflohr, um auf dem Lande ungestört der süßen Zärtlichkeit zu geniessen! Nicht thatet ihrs, um in stetem Müßiggange zu tändeln und zu liebeln, nicht andre Menschen wie Gespenster zu fliehen, die etwa Zeugen seyn könnten von euerm bis zur Geilheit ausgeartetem ehelichen Feuer. Nein! eure reinere Herzen sehnten sich nach Ruhe, entfernten sich vom Geräusch der Ueppigkeit und der Gastmähler, flohen in die einsamen Fluren, nicht leer von Menschen, nur leer von gaukelndem Spielwerk. Lächelnd nahm euch das Thal auf, lächelnd die reichen Saaten, lächelnd der Hayn mit seinem balsamischen Aushauch. Hier fühltet ihr stärker als jemals, wie stark ihr euch liebtet, hier erschien euch, im Arm der Liebe verschönert die Natur in ihrem prachtvollen Gewande. Hier bot euch die Ulme, und die silberne Pappel, und die steinerne Eiche Kühlung und Schatten zur reinen Umarmung. Eure Küße sahen die Nachtigallen im Walde, und, bey eurer Rückkehr zur ländlichen Wohnung, die Taube nebst dem lustigen Sperling. Sie sahen sie und ahmten sie nach. In jedem stolzierenden Pferde

sowohl

sowohl als im kleinsten Insecte, bewundertet ihr einmüthig die Größe des mächtigen Schöpfers. Ruhe ist das Erbe eurer Seelen. Jeder Morgen weihet euch der Freuden, und den Abend begrüßt ihr mit sanften Zurückblicken auf den verlebten glücklichen Tag. Nur wahre Freunde besuchen euch, und theilen mit euch diese Freuden, denn die unächten Freunde finden bey euch keine Unterhaltungen, welche ihren Gesinnungen schmeicheln. O glückliches Paar, die Allmacht sieht mit segnenden Blicken auf deine Würde hernieder!

Auch euch, Jünglinge und Mädchen, die die Welt noch nicht als Verbundne erkennet, deren Herzen aber die Natur fest verband, ist das Landleben günstiger, als die Stadt. Euerm schwärmerischen Geiste bieten sich hier tausend Gegenstände zur Vermehrung der Zärtlichkeit dar. Es sey nun, daß Eltern, Verwandte und Freunde eure Verbindung wissen und billigen, oder daß politische und Familienursachen euch Stillschweigen gebieten. Immer werdet ihr, besonders im letztern Falle, tausend glückliche Gelegenheiten finden, euern bedrängten Herzen in einsamer Vereinigung Luft zu machen, und euer Bündniß fester zu schliessen. Allein, erlaubet mir euch auch zu sagen, daß das Landleben, so fern ihr nicht auf eurer Hut seyd, euch sehr gefährlich werden, und eurer Heimlichkeit Nachtheil bringen kann. Eben jene ungestörte ländliche Ruhe, jene Erhöhung der Empfindsamkeit

eurer

eurer Gefühle, jene Einladung der ganzen lebenden Natur zur Liebe, kann, so tadelfrey sie an und für sich ist, euch doch Gefahr drohend werden, wenn sie zu einer Zeit zu mächtig auf euch würkt, wo Gesetze und Klugheit euch noch große Enthaltsamkeit gebieten. Selbst in den Stunden der reinsten Tugend überrascht uns oft der sinnliche Trieb. Kleine Gelegenheitsursachen können unsre Nerven in ungewöhnliche Bewegung setzen; und wenn nun Einsamkeit diese Regung begünstigt, so werden wir leicht zu feilen Sclaven unsrer Begierden. O flieht, Liebende von feurigem Geiste, die allzusichre Einsamkeit, flieht die nächtlichen Verirrungen im Schimmer des Mondes, und die breite Wölbung der duftenden Linde am Abend!

Ich komme zu einer Gattung von ländlicher Liebe, der ich einen eignen Abschnitt einräume. Mit innerm zufriedenen Lächeln sah ich oft die Zärtlichkeit der Landpfarrmädchen. Dies schnakische Geschlecht, das halb städtisch, halb ländlich denkt, ist größtentheils schwärmerisch in der Liebe, und das wahrscheinlich daher, weil es aus Mangel an guter Gesellschaft, sich mehrentheils mit erzählenden Büchern beschäftigt. Wenn nun einmal ein noch unbefangner artiger Jüngling den Papa besuchet, und scheint in ihrer Unterhaltung Wohlbehagen zu finden, da fühlen sie gleich, daß dieser das Urbild zu ihrem längst im Köpfchen herumgetragnen Ideale von Liebling ist; sie werden ihm hold, er verweilt

bey

bey ihnen, er genießt mit ihnen, und von ihnen
geleitet, der ländlichen Reitze. Er kehrt nach der
Stadt zurück, aber er fühlt, daß er seine Ruhe auf
dem Lande zurückließ. Er schreibt an seine dortige
angenehme Gesellschafterin, erhält Antwort, beyde
schwärmen, und träumen — fliegen zusammen,
und sind Eins! Dann trabt der Liebling oft auf seinen Rappen zur erwartenden Schöne, bis das
Band der Ehe sie verbindet. Glücklich, glücklich
ist diese Liebe, sehr oft glücklicher, als in fürstlichen
Landhäusern und adelichen Schlössern!

Aber leer und verächtlich ist dem galanten
Schwärmer die ländliche Liebe. Lieber führt er
seine Doris auf Bälle, in Assambleen, in die Co-
mödie, in die Oper, als durch Gottes grüne Fluren, als zum Geriesel des Stromes, als zum
schmachtenden Silberton der Harf und der Flöte in
der duftenden Gartenlaube. Lieber bedient er sie
am Nachttisch, als er mit ihr zum frischen Quell
gehet. Lieber trabt er im städtischem Getümmel
neben ihrer Sänfte her, als er sie den alles über-
schauenden Berg hinanführt. Lieber sieht er mit
ihr prächtige Kronleuchter im Opernhause, und
gaukelnde Schauspieler, als die untergehende Sonne zwischen den Bäumen, und die funkelnden Ster-
ne im Spiegel des wandelnden Teiches. O ver-
derbter Geschmack! O zwecklose Freuden, die ihr
weder den Verstand noch das Herz bessert. Euch
selten und zur Erholung geniessen ist tadelfrey, aber

euch

euch unaufhörlich und bis zur Ausschweifung suchen, ist unverzeihliche Thorheit.

Da ich von kindlicher Liebe rede, so muß ich noch ein paar Worte beyfügen von dem Unheil, welches oft hitzige Landjunker auf ihren Dörfern anrichten. Daß dies grade das Gegentheil von der gepriesenen ländlichen Liebe sey, darf ich wohl nicht erst erinnern. Es sieht fein und zweckmäßig aus, wenn der geliebte Sohn des Herrn vom Dorfe am Abend mit einer schmutzigen Viehmagd im Obstgarten oder am Bache sich herumwälzt, oder wohl gar in ihrer Gesellschaft sich badet! Muß nicht das ganze Dorf von Ehrfurcht gegen seinen künftigen Gebieter durchdrungen werden? Muß die Fräulein Nachbarin, die seine künftige Gemahlin werden soll, nicht Freude haben, wenn sie solche Geschichtgen höret? Und doch ist man kalt bey diesen Ausschweifungen, doch verzeiht man dem Junker mit aller Achtung alle diese Unarten. Ja es gehört sogar in einigen Gegenden zum galanten Modeton, daß ein junger Edelmann bis zur Verheyrathung bey allen Dirnen und Weibern zügellos herumschwärmt.

Noch gefährlicher und nachtheiliger ist es für die armen Dörfer, wenn der Junker tugendhafte Mädchen und Weiber heimlich verführet, welche voll Einfalt glauben, sie müssen den Lüsten ihres Herrn aus Gehorsam fröhnen. Leider sieht man diesen Mißbrauch sehr oft, und eine Menge schamloser Edelleute machen mehr Landmädchen unglücklich,

lich), als sie, bey obrigkeitlicher Ahndung, würden ernähren können.

Auch Höfe, und andre Große im Volk, ziehen nicht selten deswegen im Sommer aufs Land, daß sie dort unbemerkter ein freyes und zügelloses Leben führen können. Wenn dann dort der Herr bey der Kammerjungfer, die Dame beym Kutscher schläft, wenn junge, noch unverführte Landmädchen aus ihrer ländlichen Einfalt gerissen, und zur Ueppigkeit, zum Leichtsinn eingeweiht werden, wenn bey nächtlichen Erleuchtungen, Feuerwerken, Abendmusik und späten Promenaden die Unschuld verführt wird und Ehen leichtsinnig gebrochen werden; sollte dies alles auch zu den Vergnügungen der einfachen ländlichen Liebe gehören, sollte dies Leben in Vergleich kommen können mit jenem glücklichen Leben derer, die dem Geräusch der Stadt entflohen, um auf dem Lande ganz für einander zu leben, um sich ungestörter und treuer zu lieben, ohne dabey ihrer Bestimmung zu vergessen, und ohne bey ihrer zärtlichen Einsamkeit das Licht zu scheuen?

Aber du, unsterblicher Friedrich, eilst am anbrechenden Frühlinge in deine ländliche Einsamkeit, um dort der Stillen Weißheit zu leben. Niemals sah dich dein Volk in Gesellschaft der Wollust die ländlichen Palläste betreten, nie dich Sansouci mit schwelgenden Tänzen und Gastmälern entehren; ob schon Venus und alle Grazien und Charitinnen in lockender himmlischer Gestalt sich um deine ländliche

liche Wohnung versammeln. Tief sitzest du in der Mitte des Pallastes, der Weißheit gewidmet, voll hoher Gedanken über das Wohl deines Volkes, und heilige Stille um dich her.

Und du, sanftmüthiger Friedrich August, mit dem Auge voll denkenden Ernstes, wer sah dich je anders als mit Sehnsucht nach ländlicher Ruhe in Gesellschaft deiner erhabnen Gattin Pillnitz betreten. Hier regierst du dein Volk in einsamer Hoheit, nicht umringt von Wollust und zügellosen Scherzen, nur großen Geschäften geweiht, und hold dem frühen Sonnebegrüßenden Morgen, hold der ländlichen Stille nach Last und Mühe des Tages am duftenden Abend. Hier athmest du ruhigere Zärtlichkeit am Arm deiner huldreichen Gemahlin. Hier erfindest du sanfte Accorde, und reitzend durchdringet der Silberton deines bezaubernden Flügels den fürstlichen Garten!

O du bist schön, ländliche Ruhe! schöner du noch, Liebe, welche die ländliche Ruhe gewähret, aber fast immer wirst du verkannt, fast immer gemißbraucht. Nur wenige nützen dein reines Wohlbehagen mit Vorsicht und Weißheit. Nur wenige kennen die wahren Freuden, die du gewährest. Aber beklagenswerth sind auch die, welche sie kennen, und denen das Schicksal, sie zu geniessen, verbietet!

G 2　　Zehntes

Zehntes Kapitel.
Greißliebe.

Es war, so lange die Welt steht, nichts seltnes und ungewöhnliches, daß Greiße, gleich muntern Jünglingen, das schöne Geschlecht mit einem lüsternen Auge verehrten, und ihrer Reitze zu geniessen sich berechtiget fühlten. Unter allen Völkern finden wir eine Menge solcher grauen Thoren, welche dem festgesetzten Laufe der Natur Stillstand oder wohl gar Rückweg gebieten wollten. Im ganzen Thierreiche hört das verlebte Männchen und Weibchen auf, zu zeugen, und ob es zwar auch unter den Thieren hierinnen manchmal Ausnahmen giebt, so sind doch dies endliche Geschöpfe, deren höchstes Gut die Wollust ist, und die niemals an ein durch mäßige Lebensart zu verlängerndes Alter gedenken; da hingegen der Mensch, mit dem erhabnen Verstande, sehr wohl weiß, daß die Hervorbringung uns gleicher Geschöpfe unsern Körper nach dem Maaße zerstöret, nach welchem wir unsern Zeugungstrieb befriedigen. Gesetzt aber auch, es gäbe hier und da einen Greiß, welcher in seinem spätern Alter noch fähig wäre, ohne augenblicklichen Nachtheil für seinen Körper einen kleinen Weltbürger zu zeugen, so beweißt diese gewiß sehr geringe Anzahl

solcher

solcher Greiße doch noch gat nichts, in Rücksicht der unzählbaren Menge wollüstiger Greiße, welche durch Streifereyen im Gebiet der Zärtlichkeit ihre ohnehin schon schwächliche Gesundheit noch mehr schwächen, und das Ziel ihrer Tage muthwillig abkürzen. Auch bin ich gewiß überzeugt, daß die Befriedigung des Geschlechtstriebes auch dem muntersten und nervigten Greiße doch sehr viel mehr schade, als dem saftvollen blühenden Jünglinge, dem diese unregelmäßige Ausleerung beynahe zum Bedürfniß wird. Der Körper des Greißes ist immer mehr ausgetrocknet, als der des Jünglings, mithin zur Liebe weniger geschickt. Ferner würkt die Unruhe, welche gemeiniglich bey der Zärtlichkeit gegen das schöne Geschlecht unsern Geist einnimmt, nicht minder die fast unvermeidliche tändelnde Schwärmerey, stets nachtheilige Folgen in dem Gehirn und Körper des Greißes, welche alsdenn der Arzt wieder gut machen soll; gleich als wären wir Schöpfer und Götter, die aus Alter Jugend machen könnten. Mit einem Wort, schon von Seiten der körperlichen und moralischen Gesundheit, ist die Zärtlichkeit von jeder Art nichts weniger als ein Werk für den Greiß, und ich werde an einem andern Orte, wo ich von dem Einflusse der Liebe auf die Gesundheit rede, Gelegenheit haben, die Behauptuug dieses Satzes zu wiederholen.

Allein auch in der menschlichen Gesellschaft spielt der verliebte Greiß eine läppische Rolle. Mädchen lachen heimlich, Jünglinge öffentlich über ihn. Wenn er der jungen, zwanzigjährigen, in Lüften schwebende Schöne seine kalte, fleischlose Hand nun bietet, und sie ihr vielbedeutend drückt, indes seine tiefliegenden Augen Wollust zu funkeln sich aus der Höhle herausarbeiten; muß nicht das Mädchen von Todesangst überfallen werden? oder, wofern sie weniger empfindsam ist, muß sie nicht in ihrem Herzen lachen? und müssen nicht die Jünglinge, die solch eine Scene sehen, in lautes Gelächter ausbrechen? Ich nahm hier ein Beyspiel aus der Zahl der ganz verlebten Greiße, mithin das lächerlichste Bild von Greißliebe. Aber es steht auch Männern in den spätern Sechzigen mehrentheils schon sehr übel, wenn sie Cytherens Tempel besuchen, oder wohl gar Hymens Legionen aufs neue vermehren. Denn die junge Schöne, die an ihrer verlebten Seite ruhet, oder in ihren erzwungnen Umarmungen unbefriediget bleibt, wird stets auf Mittel denken, den durch die Geschlechtslust ihres Alten nur angefachten aber nicht befriedigten Trieb auf eine andre Art zu sättigen. Dadurch wird der gute Mann zum Hohngelächter, und prangt mit Geweihen, die er verdient. Denn die Beyspiele solcher Mädchen sind rar, die aus Herzensgüte, aus Einfalt möcht' ich sagen, dem erzwungnen Bündnisse mit einem verblühten Manne treu bleiben. Noch seltner sind die Beyspiele solcher, welche einen solchen Mann als Liebhaber anhören, und nicht über

ihn

ihn lachen, der bereits dem Alter nahe ist, wo wir aufhören sollen zu liebeln und zu küssen, und wo wir das weibliche Bedürfniß zu befriedigen nicht mehr im Stande sind.

Und dennoch sinken oft Männer von diesem Greisalter zu unglaublichen Thorheiten hinab. Sie kleiden sich nach der Mode der Jünglinge, sie tanzen, sie schwärmen bis über Mitternacht, sie fahren leichtverwahrt zu Schlitten, sie quälen sich und stumpfen ihren Körper noch mehr ab durch knappe Kleider und Schuhe, ja sie sind wohl gar fähig, einer Schöne zu gefallen, mit bloßem Kopfe unter einem Schloßenwetter wegzulaufen, um ihren Fächer zu holen, oder über Mauern zu klettern, um Schooßhunde zu suchen. Sie opfern ihre Zeit der Galanterie und dem Putze, verabsäumen ihre Geschäfte, parfümiren sich, und schmelzen am sanften Klavier ins Elysium hinüber. Und alles das thun Greiße, o des lächerlichen Gedankens! Greiße, die der jugendlichen Thorheit Einhalt thun sollten; die für all ihre saure Mühe nichts als Hohngelächter davon tragen!

Dies alles möchte inzwischen noch hingehn, denn es schadet mehrentheils nur ihrer Person. Aber daß Greiße die Pfänder ihrer ersten Liebe vergessen und vernachläßigen, um neuer Liebe ihr Vermögen zu opfern; daß sie oft Kinder und Enkel in Dürftigkeit schmachten lassen, um nur an allen Lustbarkeiten der Jugend Theil nehmen zu können; daß sie
endlich

endlich wohl gar ihr Vermögen den Ihrigen ganz
entziehn, und es an feile Buhlerinnen hängen, da
indes die Kinder fruchtlos sich grämen, und am
Ende den von der Bettel ausgesogenen Vater wohl
noch ernähren, und für dem Verhungern schützen
müssen; das ist schrecklich, das ist Himmelschreyend
und wider alle menschliche Güte.. Und wo soll am
Ende die Ehrfurcht gegen solche Eltern herkommen?
Sagt, wie kann die Religion verlangen, Vater
und Mutter zu ehren, wenn sie also in die tiefste
Niedrigkeit gesunken sind? Widersprüche verlangt
die Religion niemals. Wehe also solchen Eltern,
welche durch eignes Verschulden sich der Ehrfurcht
ihrer Kinder verlustig machen, und diesen hierdurch
den Segen entziehn, welchen unsre Religion den
Verehrern der Eltern verheißet.

Allein wie kann der Greiß widerstehen, wenn
solch eine Schwachheit ihn überfällt? wie kann er
sich schützen? So fragt der denkende Leser, und ich
fühle mich verbunden, ihm zu antworten. Wofern
nicht Grundsätze der Religion und Moral, nicht
männlicher Ernst und Begierde nach Weißheit ihn
retten, oder seine Thorheit zu bezähmen zureichend
sind, so muß er in die Einsamkeit fliehen, und sein
Temperament müste ganz unbändig seyn, wenn er
da nicht einen Zufluchtsort finden sollte. So unsicher, ja ich möchte beynahe sagen gefährlich die
Einsamkeit dem liebenden Jünglinge ist, so sicher
und Gefahrverhütend ist sie dem Greiße. Hier

kommen

kommen physicalische Ursachen, nebst den bekannten moralischen, mit in Erwägung. Die Triebe des Jünglings werden, vermöge der glühenden Einbildungskraft, in der Einsamkeit heftiger, sie werden unbändig und arten oft in Wahnsinn aus: da hingegen der Greiß, dessen Einbildungskraft niemals so lebhaft ist, in der Entfernung von allem dem, was seine Begierden in Bewegung bringet, leicht einen Affect besiegen wird, der durch gegebne Nahrung erst heftig werden konnte. Glaubt mir, beunruhigte Greiße, die Einsamkeit ist das bewährteste Recept, das ich euch geben kann: wenigstens fliehet das weibliche Geschlecht so viel als möglich, und ihr werdet siegen, ihr werdet bald jenen edeln Greißen ähnlich werden, die höhere Bestimmung für ihren Zustand kennen, als die Geschlechtsliebe, die voll Eyfer im Dienste des Nebenmenschen, seys im gelehrten oder im ungelehrten Stande, Jünglingen, Männern und Greißen ein liebenswürdiges Muster sind. Glaubt mir und den Erfahrungen, die ich an meinen Freunden gemacht habe. Und daß ich unter Einsamkeit nicht Klöster und Einsiedlergrotten verstehe, werdet ihr leicht einsehen. Mit Entfernung, meyne ich, vom Weibergeschlecht, Entfernung von schlüpfrigen Schriften, Entfernung von hitzigen Weinen, und von der Gesellschaft wiehernder Jünglinge, Entfernung endlich von allem, was die Nerven in ungewöhnliche Bewegung bringet.

Nun muß ich meinen Lesern noch eine kleine komische Geschichte erzählen, von einem ausgelachten Greiße, welche mir ohnlängst von einem glaubwürdigen Freunde ist mitgetheilet worden. Dieser Mann war 68 Jahr alt, als er einst in der Oper ein junges 22jähriges Mädchen sah, die seinen Augen sehr wohl gefiel. Er konnte sie nicht wieder aus dem Sinn bringen, und ohngeachtet er bereits im Begrif war, Urgroßvater zu werden, so liefen doch allerhand Anschläge durch sein Gehirn, auf den Besitz dieses Mädchens Jagd zu machen. Sie war arm, er ein Mann von Stande und guten Einkünften: eine Hofnung mehr zu Erreichung seiner Absicht. Wie sollt' er es aber anfangen, die Dirne näher kennen zu lernen. Er muste sich entschliessen, ihr auf mancherley Art nachzugehen, auch mitunter einen von jenen läppischen Haasenstreichen zu begehen, die dem feurigen Jünglinge sehr leicht, dem Greiße aber allerdings schwer fallen. Er fieng an sein Amt zu vernachläßigen, er versäumte keine Komödie, keinen Ball, kein Koncert, er schafte sich zehn Ferngläser an, und durchkroch alle Promenaden. Bey diesem Eyfer konnt' es ihm wohl an erlangter Gelegenheit, sich seiner Schöne zu entdecken, nicht fehlen. Diese, ein schlaues Mädchen, stellte sich entzückt über seinen Antrag, denn sie war Willens im Trüben zu fischen. Sie waren also bald in den vertraulichsten Umgang miteinander verwickelt. Er bot ihr oft seine Hand, welche sie

aber

aber immer ausschlug, mit der bescheidnen Einwendung, daß sich die ganze Welt darüber aufhalten würde. Allein die Sache war ohnehin schon stadtkundig. Jedermann sprach davon, jedermann lachte darüber. Mittlerweile kam die Enkeltochter des alten Hofraths ins Kindbette. Das war noch nicht genug, sondern die lieben Enkelkinder, die lustiger Art seyn mochten, erzeigten dem nunmehrigen Herrn Urgroßpapa die Ehre, ihn zusammt seiner jungen Freundin zu Gevattern bitten zu lassen. Es soll hierüber ein entsetzlicher Spectakel in der ganzen Stadt entstanden seyn, so daß die Wochenstuben einen Monath lang davor wiedergetönt, die Gerichtscancelleyen sich viele Wochen damit belustigt, und die Dienstmägde manche Stunde darüber verklatscht haben. Dies rührte aber unsern guten alten Hofrath gar nicht. Er blieb der verschlagnen Dirne getreu. Er kleidete sie prächtig, gab ihr alles, was sie verlangte, und erhielt auch endlich, zu seinem größten Entzücken, das Jawort zur Verbindung. Allein als er ihr zu deren Veranstaltung große Summen hergegeben, und prächtigen Schmuck angeschaft hatte, so war sie eines Tages, als er in Geschäften verreisen muste, zusammt dem Schmuck und Gelde über alle Berge. — Dieser Vorfall gab seiner kindischen Neigung einen gewaltigen Stoß. Während daß er sich noch im Stillen über sie ärgerte, und von seinen Bekannten ausgelacht wurde, kam sie wieder zurück, warf sich demüthig

zu

zu seinen Füßen, und gab sogar zu erkennen, daß sie von ihm schwanger sey. Allein der Greiß ermannte sich und stieß sie von sich. Er bewies eydlich vor Gericht, daß er nicht Vater sey, und die Hure ward, theils um ihrer fälschlichen Klage, theils um ihres an den Hofrath verübten Diebstahls willen ins Gefängniß gebracht. Doch war er großmüthig genug, sie durch Fürsprache von der Strafe zu befreyen, bat sich aber aus, daß man sie weit von hier entfernen möchte, damit sie ihn künftig weiter nicht mit kriechenden Bitten beschwerlich fiele. Dies geschah. Nach dieser Zeit ward er wieder ganz der würdige Greiß, der er vor der unglücklichen Verblendung gewesen. Er verwaltete sein Amt wieder mit dem größten Eyfer, ward den Wissenschaften immer mehr hold, und starb vor einigen Jahren in einem Alter von 75 Jahren, voll Geisteskräfte, und mit dem Nachruhm eines sehr verdienstvollen Gelehrten.

Meine Leser werden sich bisher gewundert haben, daß ich nur von der Thorheit alter Männer geredet, und den alten verliebten Weibern alles geschenkt habe. Ich muß gestehen, daß die Berührung der Greißliebe bey Weibern mir sehr schwer wird, indem nichts absurder, nichts der Natur widersprechender, nichts häßlicher aussieht, als die Geschlechtsliebe einer verlebten Frauensperson. Allein ich sehe mich genöthigt, auch hierüber noch ein paar Worte zu sagen, besonders da diese unbesonnene

Leiden=

Leidenschaft nicht nur lächerlich ist, sondern auch oft großen Schaden in einem Staate anrichtet. Selbst die Natur, welche das Weib zur beschwerlichen Erzeugung der Kinder bestimmt hat, wozu allemal ein großer Theil von der Zeit ihres Lebens erfordert wird, die Natur, welche den Weibern spätstens in ihrem funfzigsten Jahre — wenige Beyspiele ausgenommen, — durch physicalische Veränderungen an ihrem Körper das Ende ihrer Zeugungskraft ankündigt, die Natur, welche sie alsdenn aller ihrer Reitze, aller der Annehmlichkeiten, die Männer fesseln können, beraubet, diese selbst sagt ihnen für den Augen der ganzen Welt ins Gesicht, daß sie nunmehr für den Geschlechtstrieb und für die Erzeugung des Menschen todt sind. Es vereinigt sich ferner im geselligen Leben alles, es ihnen zu verkündigen. Jünglinge und Männer bezeigen ihnen ihre Gleichgültigkeit auf mancherley Art. Junge Mädchen wünschen sie von ihren Spielen hinweg. Amor setzt sich tückisch in die Falten ihrer Wangen, oder in die öden Zahnlücken, und verkündet da mit Gezüsche, voll Falschheit, das Alter der junggekleideten Matrone. Und dennoch erscheinen oft solche Thörinnen in den Reihen der Jugend. Sie mischen sich in ihre feurigen Tänze, und hüpfen mit müden Schenkeln unter ihnen her. Sie lesen neue Romane, und weil die Welt nicht mehr nach ihrer Mode liebet, so schmälen sie darauf, weil sie wahrscheinlich darinnen die Ursache finden,

finden, daß man sie nicht mehr schätzet. Sie kleiden sich in glänzende Trachten, setzen auf ihre Köpfe Thürme von fremden Haaren, und drängen ihre erschlappte unelastische Muskeln in knappe Schnürbrüste. Diese unverzeihliche Thorheit, daß Großmütter mit vieler Theilnehmung und jugendlichem Putze bey den Zeitvertreiben der Jugend erscheinen, ist jezt allgemeiner, als jemals. Auch wird die Nachwelt sich wundern, wenn sie künftig in den Grabschriften so viel späte Vermählungen aufgezeichnet finden wird.

Nun, sie mögen sich auslachen lassen und ihr Kreutz mit Geduld tragen. Allein es entspringt eine gefährlichere Quelle aus dieser Narrheit. Denn wenn ein sechzigjähriges Mütterchen, die der Kützel noch sticht, nirgends ihre Rechnung findet, so legt sie sich auf das gefährliche Kuppeln, welches schon tausend junge Mädchen und Jünglinge ins Verderben gestürzt hat. Diese Zufluchtsörter der Geilheit, welche heimliches Gift im Staate ausstreuen, sollten warrlich nicht geduldet werden. Sie bringen manchem den Fall, der noch aufrecht gestanden hätte, wenn die Kupplerin nicht noch mehr seine Lüste anfachte. In diesen Schulen der Unzucht werden dem Staate mehr künftige Bürger, mehr gute Mütter geraubt, als man sich vorstellt. Und wo bleibt der Adel des Herzens, wo Vermögen und Nahrung, wo Treue bey künftigen Ehen? O ihr alten Ungeheuer! ich wird' euch alle mit eisernen Ruthen

Ruthen zum Thor hinauspeitschen, und kann bey täglichen Streichen in ein Spinnhaus sperren lassen, wenn ich etwas über euch zu befehlen hätte.

Eilftes Kapitel.
Gefängniß = und Lazarethliebe.

Diese Aufschrift klingt sonderbar, und ich möchte beynahe sagen schmutzig. Dennoch kann ich nicht unterlassen, diesen Gegenstand mit zu berühren, denn es ist mir von jeher gar zu sonderbar vorgekommen, daß man im äußersten Elende gleichwohl noch wollüstigen Ausschweifungen ergeben seyn kann. Vielleicht werden es viele meiner Leser nicht für Wahrheit, sondern nur für Scherz halten wollen. Allein ich versichre mit der größten Aufrichtigkeit, daß ich selbst Gelegenheit gehabt habe, hieher gehörige Auftritte zu beobachten. Auch ist es nicht so äuferst selten, daß Aerzte über vermeinte Schwangerschaften ein legales Urtheil fällen müssen, wobey denn, nach ihrer Versicherung von der Wahrheit der Schwangerschaft, die Gefallne auf einen Inquisiten im Gefängniß bekennet, welchem sie, als inhaftirte Diebin, einigemal Stroh oder andre Nothwendigkeiten hatte reichen müssen. Ich erinnre mich sogar

sogar auf einige Beyspiele, daß solche Schwangre schon vorher wegen unehelicher Niederkunft festgesetzt worden waren, und da sie, wegen gewisser concurrirender Umstände, etwas lange sitzen mußten, so wurden sie abermals von einem ihrer Hausgenossen schwanger.

Noch öftrer hab' ich bemerkt, daß venerische Weibspersonen, welche langwierige Curen und entsetzliche Schmerzen ausstehen mußten, bey ihrer Entlassung aus dem Lazareth, sogleich in den Winkeln des Einganges wieder das erste Handgeld für ihre schmutzige Gunstbezeigungen nahmen, um ihren alten Nahrungszweig wieder empor zu bringen.

Ueberhaupt ist gar nicht zu läugnen, daß in Gefängnissen und besonders in Lazarethen die Kuren der Krankheiten gar sehr oft durch Geilheit und geheime Sünden unglaublich erschweret und verzögert werden; und doch sollte man glauben, daß dies unmöglich wäre, an Oertern, wo Elend, Kummer und Unflat eher zu Niedergeschlagenheit und Eckel als zu thierischen Wollüsten einladen sollten. Allein solche Art Widersprüche sind dem menschlichen Leichtsinne etwas gewöhnliches. Die Tyranney der sinnlichen Reitzungen über unsre Seele ist unermeßlich groß. Fast möchte der Greiß, der doch mehrentheils von diesen mächtigen Lockungen frey ist, frohlocken über die vollendeten Gefahren. Denn daß die Geschlechtslust nichts weniger als das höchste Gut auf der Welt ist, wird mir gewiß der denkende

Jüngling

Jüngling selbst einräumen. Was ist sie anders, als ein flüchtiger Traum, als eine wilde Entzückung, die unsre Nerven erschüttert und unsre Seele betäubt?

Zwölftes Kapitel.
Verbotne Liebe.

Alle Art der thörigten und tadelhaften Liebe ist uns eigentlich durch strenge Gesetze der Natur und Vernunft verboten. Daher hab' ich in diesem Buche schon von mancherley Arten der Liebe geredet, welche uns die gesunde Vernunft eigentlich nicht erlaubt. Allein es giebt auch noch gewisse Arten von Liebe und von Wollust, die im allgemeinen Verstande würklich, entweder durch Gesetze oder von der Religion selbst, verboten sind. Hauptsächlich gehören hieher dreyerley Arten.

Die erstere ist diejenige Liebe, welche zwischen nahen Verwandten entsteht. Diese verbietet uns, soviel mir bewust ist, keine Religion, — Geschwister, Eltern und Kinder ausgenommen — wohl aber die bürgerliche Gesetze. Wir wollen versuchen, uns zu belehren, ob und in wiefern die Gesetze hierinnen Recht haben? Eigentlich haben sich die bürgerlichen Gesetze hier eine Gewalt angemaßt, welche ihnen

ihnen die Religion nur stillschweigend, die Natur gar nicht gegeben hat. Wenn sich Geschwister-Kind, oder Oncles und Nichten u. s. w. mit einander verheyrathen, so hat gewiß Gott und die Natur nicht das mindeste darwieder einzuwenden. Blos politische Bewegungsgründe haben uns in diesem Falle Zaum und Gebiß angeleget. Und daß würklich die Sache nicht von dem Gewicht sey, wie es wohl viele Geistliche behaupten, beweißt, außer regelmäßigen Schlußgründen, auch schon die Gewohnheit, vermöge welcher selbst Consistoria für gewisse Geldsummen die Erlaubniß zu solchen Verheyrathungen geben. Dies alles gilt ebenfals von nahen Verschwägerungen. Ich würde überdieses sogar keinen Mangel an Vertheidigungsgründen haben, wenn ich behauptete, daß die Natur selbst zwischen leiblichen Geschwistern von verschiedenem Geschlecht keine Art von festgesetzter Abneigung geschaffen hat, wie ein großer Theil der Menschen sich einbildet. Haben wir nicht mehrere Beyspiele, daß Geschwister, die in der zartesten Jugend von einander getrennt wurden, und, ohne sich zu kennen, einander wiederfanden, sich feyerlich vermählten und glückliche Ehen führten? Und waren nicht Mehala und Thirza, unser aller Mütter, die Gattinnen ihrer Brüder? Wie leicht war es damals nicht dem Schöpfer, zwey Paare Menschen auf einmal zu schaffen, wenn die Liebe zwischen den Kindern Adams widernatürlich gewesen wäre. Ja es sollte

sollte mir nicht schwer werden, lebendige Beyspiele unter Geschwister von zweyerley Geschlecht aufzufinden, welche in dem vertraulichsten und zärtlichsten Verhältniß miteinander stehen. Wäre eine von der Natur festgesetzte Abneigung da, so würde dies alles nicht möglich seyn.

Allein ich muß auch auf diejenigen Gründe kommen, welche die bürgerlichen und sittlichen Gesetze rechtfertigen. Hätten sie Geschlechtstriebe zwischen Geschwistern nicht verboten, so würd' es wenig schuldlose Mädchen mehr gegeben haben, und es wäre den Jünglingen feyerlich die herrlichste Gelegenheit bargereicht worden, zügellose Mädchenschänder zu werden. Denn da Geschwister stets beysammen sind, so dürfte man ihnen nur den kleinen Finger in diesem Falle reichen, und sie würden bald die ganze Hand nehmen. Jezt aber, da sie von der frühsten Kindheit an gestraft oder unvermerkt zurückgehalten werden, wenn man eine zu große Vertraulichkeit zwischen ihnen wahrnimmt, so wird der Geschlechtstrieb erstickt, und es tritt an seine Stelle eine Abneigung, welche oft häuslicher Schmutz, oder Neid begünstigt. Diese Abneigung ist es auch vielleicht, welche ganze Jahrhunderte hindurch die Lehrer des Volks bewogen hat, sie für von der Natur eingepflanzt zu halten. Wohl also jenen Staaten, wo heilige Gesetze die Liebe zwischen Geschwistern verbieten, und etwas als höchst straftar verwerfen, was selbst die Schrift aus politischen Ursachen Blutschande nannte!

Ich komme nunmehr zur zweyten Gattung von verbotner Liebe. Dies ist jene schändliche Leidenschaft, welche in öffentlichen Bordellen Nahrung suchet und findet. Daß ich diese für äuserst niederträchtig erkläre, wird gewiß jedermann von mir erwarten, und ich thu' es auch mit der feurigsten Ueberzeugung. Ist es nicht, selbst für den Jüngling, wenn er noch einige Bescheidenheit kennet, ein schmutziger und eckelhafter Gedanke, daß es Freystädte der Unzucht giebt, wo Mädchen, an welche Mutter Natur alle Reitze der Jugend verschwendete, ihren Körper zu aller möglichen Mißhandlung des wiehernden Mannes für Geld feil bieten? Ist es nicht Jammer und Schade, eine Menge solcher Dirnen zu sehn, die mit glänzender Schönheit lebhaften Geist und tiefe Einsicht verbinden, aber nach wenig Jahren entnervt, ihrer Reitze beraubt, ihrer Geistesfähigkeiten verlustig sind? Sollte man nicht die bittersten Thränen weinen um so viele hundert zerrißne Ehen, um so viel tausend künftige Weltbürger, die hier schon im kleinsten Keime gemördert werden? Und sollte man sich endlich nicht selbst schämen müssen, wenn solch eine Elende auf uns zukommt, mit geilen, funkelnden Augen, mit entblößtem Busen, mit der Miene voll öffentlicher gedungener Unzucht? — Geht dann weiter zu den unglücklichen Jünglingen, die dieser glänzende Traum

erhitzt

erhitzt hat. Seht wie sie wiehern, wie sie rennen zum Tempel der Unzucht, wie sie mit Freuden öffentlich bekennen, daß sie elende Sclaven ihrer Sinne sind, wie sie ihr Geld, das sie oft der weinenden Unschuld abpreßten, mit Begierde in die buhlerische Hand drücken — ha! wie sie dann in kurzem verblühn, feige Memmen werden, wie Schatten herumtaumeln, Aerzten und Wundärzten die Hände küßen müssen! — Mit ihnen starben tausend künftige Bürger und Helden, der Staat verliert seine guten Köpfe, die Vertheidiger seiner Freyheit und die Unternehmer nützlicher Gewerbe auf eine so schändliche Art!

O des elenden Vorwandes von den Vertheidigern öffentlicher Hurenhäuser, daß sie der zügellosen Wollust Einhalt thäten, und Verführungen der Unschuld verhüteten. Wird hier wohl jemals eine gehörige Mäßigkeit von Seiten der Genießer dieser öffentlichen Freyheit statt finden, die ohne sie sich nicht mäßigen konnten? Und ist es nicht ein uraltes wahres Sprichwort, daß Gelegenheit Diebe macht? So mancher Jüngling würde kein dringendes Bedürfnis der Wollust fühlen, wenn er nicht eine öffentliche Einladung dazu wüste. So manches Mädchen würde, ob sie schon arm wäre, unschuldig bleiben, ihr Brodt mit Nähen u. dergl. verdienen, und nicht ihren Körper zur Unzucht feil bieten, wofern nicht Bordelle ihr eine winkende Freystadt wären,

ren, ihren Unterhalt auf eine den Sinnen so mächtig schmeichelnde Art zu erwerben.

Selbst Friedrich soll es jetzt oft bedauern, daß er einst solche Freystädte nicht nur duldete, sondern auch mit gewissen Abgaben belegte, wafür sie seinen Schutz geniessen. Ob es wahr ist, weiß ich nicht, mir aber ists wahrscheinlich. Sollt' es diesem grossen, weitumfassenden Geiste denn niemals einfallen, daß er hier seinen Endzweck gar nicht erreichte. Denn er glaubte, hierdurch sein Land mit künftigen Soldaten zu bereichern, da doch eher das Gegentheil geschehn und seine Unterthanen entnervt sind; wie es denn auch eine ewige Wahrheit ist, daß zu vieler Genuß die Fruchtbarkeit hindert und verderbet.

Was ich hier unter die dritte Abtheilung von verbotner Liebe bringe, ist eigentlich zwar keine Liebe, sondern ein thierischer durch sich selbst befriedigter Trieb, der aber doch, soll man seiner erwähnen, an keinem andern Orte berührt werden kann, als hier. Es ist jenes niedrige Verbrechen der Selbstbefleckung. Oft entspringt es aus dem Mangel an weiblichen Gegenständen, noch öfterer aber aus einem unglücklichen physicalischen Triebe, welcher desto mehr von neuem reitzt, je mehr er befriedigt wird. Leider geben Eltern und Lehrer in diesem Falle zu wenig auf ihre Kinder Achtung, wovon ich im zweyten Theile meines Buches ausführlicher reden werde. Strenge ist hier das einzige Gegengift.

gift. Moralische Erinnerungen richten leider in diesem Falle gemeiniglich so wenig aus, als Nachläßigkeit der Vorgesetzten selbst. O solltet ihr wissen, solltet ihr erwägen, jugendliche Schlachtopfer, welch einen Ruin ihr durch dies Laster in euerm Körper anrichtet! Jener Adel des Herzens, jener Geist der Freyheit, jener Muth zu erhabnen aber schweren Thaten, dies alles tretet ihr selber mit Füßen. Ihr entnervt euch durch dies Laster mehr, als selbst durch Ausschweifungen in der Liebe. Ferner macht ihr euch untüchtig zu künftiger Zärtlichkeit. Ihr könnet mir ganz gewiß glauben, daß der Weichling nie mit der feurigen, vielverlangenden Zärtlichkeit ein Weib lieben kann, wie der unbefleckte Jüngling. Ihr verlieret also hierdurch tausend Süßigkeiten der Ehe, und ihr werdet stumpfe Ehemänner seyn, die sich gern müssen gefallen lassen, daß man ihnen Substituten setzet. Indes Andre etliche Flaschen Ungarwein trinken, müsset ihr Wasser schlurfen, und damit ihr nur ein kleines Andenken von Stärkung bekommet, die liebliche China zum Frühstück genießen. Schämt euch, alberne Jünglinge, und rettet euch, weils noch Zeit ist! Ich bin überzeugt, ihr werdet mir und allen, die euch ermahnten, danken, daß wir euch zu reellern Vergnügungen gerufen haben!

Aber wie schrecklich ist es nicht, daß auch sogar die Enkelin Evens mit diesem Laster sich beflecket! Es hat Zeiten gegeben, goldene Zeiten, wo Jünglinge noch wenig, Mädchen gar nichts von dieser wiedernatürlichen Handlung wusten. Jezt übertreffen die sonst durch Sittsamkeit so ehrwürdigen Männinnen noch die Männer an Kenntniß und Erfindung in diesem schändlichen Spielwerk; wenigstens ist dies in großen Städten sehr oft der Fall. O des finstern Gedankens, daß auch Dirnen ihre eignen Kränze rauben, und die Rose ihrer Jugend abbrechen!

Vielleicht must du, armes Blatt, manchen Vorwurf einstecken, daß es unüberlegt sey von deinem Verfasser, öffentlich von solchen Dingen zu reden, wodurch die Jugend desto eher damit bekannt werden kann. „Ich wuste nichts von der Lust u. s. w." werden sie sagen. Aber, lieben Freunde, vergebt mir, daß ich eure Vorwürfe völlig ungegründet finde. Heut zu Tage weiß beynahe jedes Kind von der Selbstbefleckung. Oder, wer es noch nicht weiß, wird doch früher oder später davon unterrichtet. Die Bekanntwerdung dieses Lasters ist völlig allgemein. Auch wird ein Buch, das davon handelt, aber nicht auf eine angenehme, sondern auf eine bittre und verdammende Art, gewiß äuserst selten, ja niemals, die Bahn zur Ausübung dieses Verbrechens seyn. Ueber dieses deucht mirs Pflicht zu seyn, seine Scheuslichkeit öffentlich darzustellen, da es tausend schon kennen und zehn vielleicht nicht. Jene vielen können gebessert und abgeschreckt werden, von diesen wenigen kann doch mit
äuserster

äuserster Ungewißheit nur etwa einer verführet werden. Zudem so verbieten uns ja auch selbst die Gesetze Laster von der Art. Ja selbst die Schrift redet davon, und muß, will sie bessern, Gefahr laufen, daß hier und da bey Unverständigen oder Leichtsinnigen eine entgegengesetzte Würkung erfolget. Lasset uns also ermahnen und bessern, was in unsern Kräften stehet, damit ein Trieb, der noch weit unter der Niedrigkeit der Thiere ist, nicht zulezt ganze Staaten aufreibe. Aber lasset uns verschweigen eine ähnliche und noch schändlichere Sünde der Griechen und Römer, die zwar Deutschlands Höfe, nebst den Höfen benachbarter Reiche, auch schon längst begünstigten, die aber doch noch nicht so allgemein bekannt ist, und vielleicht in Dämmerung gehüllt bleibt.

Dreyzehntes Kapitel.
Von der Verführung in der Liebe.

Auf keine Leidenschaft würkt die Verführung so mächtig, als auf die Liebe. Sie reißt diesen uns eingepflanzten Trieb so allgewaltig dahin, daß er unzähligemal die Waffen verliert, sich zu vertheidigen. Für sich allein schon ist er ein gewaltiger Tyrann

Tyrann über unsre Herzen, und wenn nun vollends die Verführung ihn anspornt, so steigt er zur steilsten Höhe, verliert oft auf ewig den Rückweg und wälzt sich im grauenvollsten Labyrinthe herum. Ich habe es daher für meine Pflicht gehalten, der Verführung in der Liebe ein eignes Kapitel zu widmen. Denn obschon alle bisher durchgegangene Arten der Liebe fast immer von der Verführung begleitet werden, so haben wir doch auch noch mancherley Stoff zum Nachdenken über allgemeine Carricaturen der Verführung in der Liebe, welche wir bisher noch nicht berühret haben.

Wie kommt es, Freunde, daß oft der leichtsinnigste und lüderlichste junge Mensch ein Mädchen gewinnt, die jedermann als ein ordentliches und artiges Frauenzimmer bekannt ist? Er traf vielleicht ihre schwache Seite, deren wir alle Eine haben; er beschenkte sie mit geschmackvollen Galanteriewaaren, oder er bewegte ihr Herz durch hinreissende Gedichte, oder er fesselte sie durch den Silberton in seinen melodischen Liedern. Nur Eine gute oder wenigstens tadelfreye Eigenschaft also war es, die das Mädchen gewann, und welche allein er ihr auch nur ins Auge strahlte. Sie liebte ihn, sie ward verführt, ward seine Gattin und unglücklich, denn nach der Hochzeit zeigte er sich ihr in seiner ganzen lüderlicher Größe.

Ein andres Mädchen wird durch Verschwendung des Jünglings verführt. Von Natur hat sie

einen

einen Hang zur Pracht. Der Jüngling verschwendet um sie einen großen Theil seines Vermögens. Dies gefällt ihr, sie schwimmt fort im Strome des glänzenden Ueberflusses, ohne Nachdenken, und wird verführt, oft zu den grösten Ausschweifungen, aus welchen sie nie wieder zu sich selbst kommet.

Stand und Ansehen thut hier auch oft Wunder. Der junge Hofrath oder Doctor gewinnt allgemein ein Mädchen eher, als der Candidat des Predigtamtes, oder der nicht reiche Kaufmann. Wenn er die Rangsucht beym Mädchen merkt, so wird er seinem Ansehen noch mehr Gewicht geben, und wird das Mädchen gewinnen, ob er schon ein niederträchtiger oder leichtsinniger Mann ist. Immer kommt es überhaupt darauf an, daß wir die schwache Seite unsers Gegenstandes kennen lernen, so wird es uns selten schwer fallen, ihn nach und nach zu den niederträchtigsten Handlungen herabzuwürdigen. Auch verführen nicht Jünglinge nur Mädchen durch solche Kunstgriffe. O nein! Vielleicht wird der umgekehrte Fall in unsern Zeiten noch öftrer statt finden, wo das schöne Geschlecht überhaupt unendlich mehrerer Freyheiten geniesset, als in den vorigen Jahrhunderten.

Eine der schändlichsten Verführungen ist die, wenn Ehemänner Mädchen, oder verheyrathete Frauenzimmer Jünglinge in ihr Garn locken. Hier unterliegt zuweilen auch die festeste Tugend. Denn wie gewaltig umnebeln uns nicht die sinnlichen
Wollüste!

Wollüſte! Und wenn nun, wie es gemeiniglich zu geſchehn pflegt, der Verführer oder die Verführerin den unſchuldigen Gegenſtand mit allen den geheimen Freuden des Ehebettes bekannt machen, wenn ſie ſich ihnen in eben der nachläßigen Kleidung zeigen, wie ihrem Gatten, wenn ſie ſie verſichern, daß dies oder jenes zärtliche Spiel, welches der unerfahrne Jüngling oder das ſchüchterne Mädchen noch für gefährlich hielt, nichts weniger als nachtheilig oder von Folgen für ſie ſey, o dann öfnet ſich das Herz mit Allgewalt dieſen buhleriſchen Zauberkünſten, Tugend und Klugheit ſinken in feſten Schlummer, und die Unſchuld kommt in faſt rettungsloſe Gefahr. Noch mehr begünſtigt die Verführungen der Weiber jene Sicherheit für den zweydeutigen Folgen heißer Umarmungen. Noch ſchneller reißet dieſe Sicherheit den Jüngling hin. Noch gewiſſer wird ſeine Unſchuld zum Verbrechen übergehen.

So geſchieht es denn auch ſehr oft von buhleriſchen Damen, daß ſie durch allerhand ſtark gewürzte Speiſen, durch Confituren, durch ſüße berauſchende Weine u. dergl. den Jüngling, deſſen Unſchuld ſie fällen wollen, ſich geneigt machen. Dieſer Kunſtgriff iſt eigentlich das, was der gemeine Mann gethan nennet, wenn er von den Zauberkünſten in der Geſchlechtsliebe redet. Wenn ein Weib die Nerven eines Mannes auf dieſe Art reitzet, und ſie iſt der erſte und einzige Gegenſtand ſeiner wachſenden Lüſte, ſo kann ihr, mit Beyfü-

gung

gung eines buhlerischen Betragens seine Besiegung wohl selten fehlen. Diese Gewohnheit, Männer brünstig zu machen, war vormals das herrschende Zaubergift der Wollust im unersättlichen Rom. Auch noch iezt wimmeln die heissern Länder des Mittags von solchen Verführerinnen, welche Männern Gift in den Körper jagen, um Wollust daraus zu saugen.

Eine andre Art der Gewalt übt die Verführung über unser Herz durch Beyspiele. Gesetzt daß mancher Jüngling, manche Dirne gute Begriffe von Tugend und Ehre hat; sobald sie ein Beyspiel von ungestrafter Wollust sehn, welches sich äuserlich ins Gewand der Unschuld verbirgt, so bewundern sie den artigen Kunstgrif und ahmen ihn bey der ersten besten Gelegenheit nach. Ganz gewiß haben, so wie in allen Dingen, besonders auch in der Liebe, Beyspiele sehr mächtigen Einfluß auf unser Herz, wenn sie uns vollends, sie seyen nun böse oder gut, von Personen gegeben werden, von deren Character und Einsichten wir hohe Begriffe haben.

Seltner, aber doch auch in gewissen Gegenden noch oft genug, gewinnen wir Herzen durch Frömmeln und Andächteln. Wenn ein Mädchen unter den strengsten Religionsgesetzen erzogen ist, so dürfen wir nur fleißig mit ihr beten, stets in der Kirche uns finden lassen, wenn sie da ist, öfters zu Grabe gehn, u. dergl. so werden wir bald ihre Aufmerksamkeit, ja ihre Liebe gewinnen. Ihr Zutrauen gegen uns wird grenzenlos werden, und wir

können

können nach und nach ungescheut zweydeutige Handlungen von ihr verlangen, sie wird sich nicht sehr weigern, weil sie uns für Tugendhelden erkennet, die nichts würklich Böses von ihr verlangen können. Das räum' ich inzwischen gern ein, daß solche Mädchen die klügsten nicht sind; auch wird diese Art der Verführung im umgekehrten Falle sehr selten statt finden.

Zuletzt giebt es noch eine Art von Verführung oder eigentlich Verstellung, wo nehmlich Jünglinge oder Mädchen den Gegenstand, den sie zu lieben scheinen, nicht würklich lieben, sondern nur ein erzwungen zärtliches Betragen gegen ihn annehmen, um ihn entweder aus gewissen öconomischen und politischen Absichten völlig zu besitzen, oder doch gewisse andre Vortheile durch seine Liebe zu erlangen. So küßt mancher junger Kaufmannsdiener seiner Principalin voll Zärtlichkeit die Hand, um nur durch eine Vermählung mit ihr sein eigner Herr zu werden und die von ihrem ersten Gatten verlaßnen Gelder mit ihr zu theilen: So liebäugelt manches Theemädchen mit ihrem 60jährigen Herrn, um nur Frau Hofräthin zu werden: Und mancher ältlicher Condidat des Predigtamtes schwört die Zofe wie sein Leben zu lieben, damit sie ihm von ihrem gnädigen Herrn den Ruf zu einer einträglichen Pfarre verschaffe.

So rennt ein jeder zur Erreichung des Ziels seiner Wünsche. Leidenschaften geben uns Klugheit

und

und Einsicht, und es fällt so manche Tugend durch die Macht der Verführung.

Vierzehntes Kapitel.
Von dem Einflusse der Liebe auf die Gesundheit.

Wenn ich von dem Einflusse der Liebe auf die Gesundheit rede, so erwarte man keineswegs eine Sammlung von medicinischen und diätetischen Regeln, noch viel weniger ein regelmäßiges Gewebe von physiologischer Gelahrheit. Ich werde blos einige Blätter mit erfahrnen Wahrheiten füllen, und nur ein paar Worte sagen von dem unvermeidlichen physischen Einflusse der Geschlechtsliebe auf die Gesundheit des Geistes und Körpers. Denn der Geist, jene unergründliche Urkraft unserer Muskeln und Nerven, jene Vollenderin von dem Willen der erhabnen Seele, muß nothwendig auch mit leiden, wenn die Theile des thierischen Körpers leiden und sie dadurch in ihrer Verrichtung gestört wird. Oft leidet sie auch allein, und es ist nichts so fähig, die mögliche Krankheit des Geistes zu beweisen, als eben jener Mißbrauch der Geschlechtsliebe, welcher oft, ohne besondern Nachtheil für den Körper, in den Geisteskräften entsetzliche Zerrüttungen anrichtet.

Doch,

Doch, es ist meine Absicht, zuerst von dem guten Einflusse der Geschlechtsliebe auf unsre moralische und physicalische Gesundheit zu reden. Die Erfahrung lehret uns täglich, daß Jünglinge, welche vorher ohne besondre Neigung gegen das schöne Geschlecht lebten, wenn sie nun für einen besondern Gegenstand eingenommen worden sind, auf einmal in allen ihren Handlungen feuriger werden und an den menschlichen Schicksalen lebhaftern Antheil nehmen, als vorhin. Es durchglüht sie ein gewisser Enthusiasmus, sie werden muthiger, ja sie streben sogar gemeiniglich nach edeln und großen Thaten, wofern nicht eigennützige Nebenumstände ihren Begierden eine entgegengesetzte Richtung geben. Dies alles gilt auch vom weiblichen Geschlecht, nur mehrentheils im verminderten Grade.

Ferner befördert eine feurige Liebe den Umlauf der Säfte, indem sie fast immer zur Freude einladet, sich mit gaukelnden Hofnungen beschäftigt, auch gröstentheils Gelegenheit giebt zu mehrern und schnellern Bewegungen des Körpers. Denn Liebende sowohl als Eheleute leben, wofern sie sich würklich mit Feuer lieben, in einer steten Dienstfertigkeit gegen einander, sey es in öconomischen oder in zärtlichen Dingen. Hieraus folgt also, daß endlich die gutartige Liebe auch für Trägheit des Geistes und Körpers schütze, welche die Muskeln erschlappet und die thierische Bewegung aller Theile hindert.

So

So nützlich und tadelfrey aber auch die guten Einflüsse der Liebe auf die Gesundheit des Menschen sind, eben so nachtheilig und nachtheiliger noch sind ihre schädlichen Einflüsse. Erhöhte sie, im gehörigen Maaße, die Empfindungen und Fähigkeiten des Geistes, so schwächt sie, wenn sie gemißbraucht wird, dieselben, macht sie träge und raubt ihnen den angebohrnen Muth. Diese Folgen werden wir empfinden, wir mögen nun in der Zärtlichkeit entweder zu sehr schwärmen, und zu oft wollüstigen Gedanken nachhängen, oder wir mögen im ehelichen Stande zu häufig der erlaubten Süßigkeiten der Liebe genüßen. Wer weiß nicht, daß öfterer Kummer in der Liebe die Gesundheit des Geistes und Körpers unvermeidlich schadet. Dies gilt ebenfalls von den immerweinenden Werthern und Siegwarten, welche in Thränen eine besondre Süßigkeit finden, und in hergeträumten Leiden eine Wollust. Ich versichre, daß diese Leute ihrer Gesundheit gewaltig schaden, auch dabey des rechten Entzwecks der Natur verfehlen, welche uns den Trieb der Liebe nicht mit Thränen verbittert gab.

Daß der allzuoft befriedigte Geschlechtstrieb Verheyratheten und Unverheyratheten nicht wenig schade, bedarf wohl keines Beweises erst, da die tägliche Erfahrung lehret, wie viel hundert ausgemergelte Sceleter in großen Städten, und oft auch in kleinen, auf den Straßen herumlaufen, welche

unglück-

unglücklich genug sind, über ihre Begierden wie die Herrschaft gewonnen zu haben. Auch hab' ich im zwölften Kapitel bereits vieles gesagt, was hieher gehöret, und insgesammt auf Eheleute, wenn sie ausschweifend sind, so gut angewendet werden kann, als auf Bordellbrüder und barmherzige Schwestern. Wie denn auch die traurigen Folgen der Selbstbefleckung hier nochmals erwägt zu werden verdienen, indem diese mehr als thierische Unzucht noch schrecklichere Verwüstungen in der menschlichen Maschine anrichtet, als die Ausschweifungen zwischen den Geschlechtern. Daß endlich der Greiß alle Regeln der Keuschheit noch weit strenger befolgen müsse, als der Jüngling und der Mann von mittlern Jahren, ist ebenfalls an seinem Orte bereits erwähnt worden, folgt auch aus der den Aerzten wohlbekannten Austrocknung der Säfte im Körper des Greißes.

Hier kann ich ein Vorurtheil des vornehmen Pöbels nicht übergehen, welches davorhält, es sey den mehrsten jungen Körpern schädlich, ohne den Genuß der Geschlechtsliebe zu leben. Selbst Aerzte unterstützen diese thörichte Meynung mit ihrem Beyfall. Es ist zwar nicht zu läugnen, daß Fälle vorkommen können, wo ejectio spermatis virilis dienlich seyn möchte. Allein diese Fälle werden äuserst selten seyn, auch gemeiniglich nur dann mit gehöriger Vorsicht und Behandlung statt finden; wenn ein sehr ausschweifendes Leben vorausgegangen,

gen, und nun auf einmal strenge Keuschheit ausgeübet worden ist. Minder selten, aber immer auch noch selten genug, scheint das schöne Geschlecht je zuweilen einen Nachlaß von der Strenge in der Liebe zu heischen. Im ganzen genommen aber ist die Enthaltsamkeit ein unermeßlicher Vortheil für Geist und Körper. Geschieht sie vollends mit innrer Ruhe und ohne mächtige Kämpfe, so ist sie desto schätzbarer. Man erwäge nur die vielen Beyspiele, welche wir in der Welt haben, daß die keuschesten Personen immer die gesündesten sind; denn die Krankheiten, die wir der Enthaltsamkeit auf den Nacken wälzen, rühren fast allemal von andern Ursachen her. Möchten sich doch mehrere Aerzte Mühe geben, in ihren Familien genauere Acht zu haben auf das Verhalten in der Zärtlichkeit! Möchten sie in diesem Fall strengere Vorschriften geben! Doch, wie würde ihr Beutel dabey zurecht kommen? Sie würden für die Zukunft manchen Besuch, manches Recept, ja sogar manches Apothekerpräsent einbüßen müssen. Denn ich bin versichert, daß wir beym mäßigern Genusse der Liebe weit gesünder wären. Und ich behaupte öffentlich, daß die häufigen Nervenkrankheiten und krampfhaften Zufälle in unserm Zeitalter, von dem Luxus überhaupt, vorzüglich aber von dem bis zur Geilheit ausgearteten und unersättlichem Geschlechtstriebe herrühren. Glaubt es nicht, Große und Reiche der Erden, wenn eure schmeichelnden Aerzte aus

kriechen-

kriechendem Eigennutz euch in diesem Falle mehr erlauben, als sie sollten. Lasset euch warnen, und glaubt mir, einem alten Kerl, ders oft erfahren hat, das Mätreßen und überhaupt Mißbrauch der Geschlechtsliebe, der Großen frühes Grab bereiten. Lebt einfacher und mäßiger in Speisen und Getränken, so wird es euch nicht so schwer werden, die Regeln der Enthaltsamkeit und Keuschheit zu beobachten.

Zuletzt muß ich noch anmerken, daß die Ausschweifungen der Liebe in der Jugend uns oft unfähig machen, in der Ehe die Süßigkeiten zu genießen, die unentnervte Personen genießen. Jenes zärtliche Getändel, das uns so zaubrisch deucht, kann durch seinen Mißbrauch der Stoff zu künftigen Krankheiten in der Ehe werden, ja es kann unheilbare Unfruchtbarkeiten nach sich ziehen, wie die Erfahrung die Aerzte lehret. Auch leben leider! so viele Elende, Krüppel und Schwindsüchtige in der Welt, welche die Jugendsünden ihrer Eltern büßen. Schrecklich ists, daß diese Unglücklichen leiden, was sie nicht verdienet haben! Und noch schrecklicher, wenn sie von ihren Eltern gehaßt und verabsäumt werden, anstatt daß diese darauf bedacht seyn sollten, ein ihnen geschenktes so klägliches Leben durch die beste Abwartung und Erziehung zu erleichtern.

Ich hoffe man wird mir meine Offenherzigkeit in diesem Kapitel nicht zur Last legen, wo ich nothwendig

wendig einigermaaßen als Arzt reden muste, zu lebhaft überzeugt, welche Legionen von Menschen die zärtlichen Ausschweifungen niederwürgen. Hab' ich doch noch oft genug dem Vorurtheil einer affectirten Schaamhaftigkeit nachgeben, und von Dingen dunkel sprechen müssen, die eigentlich in unsern von Schulpedanterey gröstentheils freyen Zeiten im hellsten Lichte abgehandelt werden sollten.

Funfzehntes Kapitel.
Erlaubte und tugendhafte Liebe.

Endlich hab' ich mich durchgearbeitet durch das Gewühl von zärtlichen und verliebten Thorheiten. Endlich bin ich das Gebiet der Liebe mit mühsamen Schritten durchwandert, habe an der Thüre des Weisen und des Thoren verweilt, und ihre Handlungen gegeneinander abgewogen. Freylich must' ich am längsten bey den Thorheiten der Liebe verweilen, da sie leider! weit häufiger angetroffen werden, als jene tadelfreye Liebe, deren Pfade die Tugend heiliget und die Weißheit krönet. Aber nun steh' ich auch an ihrer Pforte, und es begrüßt mich die Holde mit himmlischen Lächeln. Freundlich bietet sie mir die keusche Rechte, und heißt mich willkommen. In ihrem Pallast, den die Unschuld ausgeschmücket, lächelt mir Ruhe entgegen nach den rauhen, mühsamdurchwandelten Pfaden, daß ich Kräfte sammle zu neuen Beobachtungen im Reich der gefesselten Liebe!

O sey mir gegrüßt, Göttliche, im Glanze der Unschuld und der belohnenden Keuschheit! Dich sendete der allgütige Schöpfer hernieder, endliche Menschen zu beglücken! Du bist die Freystadt der Verfolgten, du die Ruhe nach schweren Geschäften, du die Mutter häuslicher Eintracht, du die Geberin von tausend irrdischen Freuden! Wenn unter den Lasten der Feldarbeit und der drückenden Sonne der Bauer geseufzt hat, so erquickst du ihn, tugendhafte Liebe, mit reinen Freuden der Unschuld. Wenn der ermüdete Städter am Abend seine Geschäfte verläßt, dann empfängt ihn die freundliche Gattin oder das gesellige, von ihm geliebte Mädchen, und er vergißt in ihren keuschen Armen der Last des verflossenen Tages. Ja selbst Fürsten finden die süsseste Ruhe im Genuß einer tugendhaften Liebe; wenn sie für das Wohl ihres Volkes tagelang arbeiteten. Und endlich Krieger, Helden, o des großen Gedankens! eilen nach vollendeten Kämpfen, mit Blut und Staube bedeckt, vom Kampfplatz, um im Arme der Liebe zu ruhen. Also wartete Hermanns zärtlich Thusnelde, als er blutig

von

von der Schlacht in seine Wohnung zurückkehrte, um unter den Fittigen der Liebe von Siegen zu träumen.

Wohl dem Manne, dessen Arbeit treue Liebe belohnet! Wohl dem Weibe, deren wirthschaftliche Arme den treuen Gatten umfassen! Mit Wohlgefallen sieht der Allwissende diese Unschuldsvolle Erhohlungen, denn er selbst erlaubte sie seinen Menschen. Vereint werden sie ihn loben, vereint ihn anbeten und preisen. Mit der Eintracht der Engel betreten sie die Pfade des Lebens, von der treusten Liebe zur Unerschrockenheit aufgemuntert. Mitleid, und Wohlthun, und Bruderliebe wird, wo sie wandeln, ihre Pfade bezeichnen. Wohl den Glücklichliebenden, deren Fessel Treue und Keuschheit ist! Ob nun die Hand des Priesters bereits ihr heiliges Gelübde öffentlich gesegnet habe, oder ob es noch in geheimes Dunkel, nur von Engeln bemerket, gehüllt sey, immer wird es die Freuden des Lebens erhöhen, immer die Grundlage zu einem zufriednen Leben seyn, und immer mit Beyfall begnadigt werden von dem Vater der Menschen.

Aber wie matt ist mein Pinsel, ein Gemälde zu vollenden, das unnachahmliche Farben erfordert! Fühle dies Glück selbst, Brüder, und meine kurze Schilderung wird für euern Augen wie ein verlöschendes Licht verschwinden! Laßt mich aufhören, und noch einige Begleiter der tugendhaften Liebe entwerfen, welche zuweilen ihr Glück auf einige Zeit zweydeutig machen, aber es in der That weder verdrängen noch herabwürdigen können.

Ist es erlaubt, kann es mit der Tugend bestehen, daß zuweilen Jüngling und Mädchen sich ganz heimlich lieben, ohne es der Welt wissen zu lassen? Meinen Empfindungen nach kann es mit der Tugend sehr wohl bestehen. Denn haben wir nicht eine Menge Beyspiele von Heimlichliebenden, deren Verbindung schön, tadelfrey und nachahmungswürdig ist? Und sollt' es nicht gröstentheils eher eine Lockung zur Tugend seyn, als zum Verbrechen, wenn man sich heimlich liebt, und seine Sache verborgen wissen will? Denn die Tugend bleibt gewiß länger verschwiegen als das Laster, weil unsre Nebenmenschen die mindesten unsrer Fehler sogleich ausposaunen, unsre Vorzüge aber herzlich gern unberührt lassen. Ueberhaupt kommt es hier auf die Gründe an, aus welchen man seine zärtliche Verbindung verschweiget. Warum bin ich denn eben gemüßiget, jede meiner Empfindungen für den Richterstuhl des Volkes zu bringen? Was macht mich anheischig, ein Motto der Kaffeehäuser und der Wochenstuben abzugeben? Und wie oft erfordert es nicht endlich politische Klugheit, selbst für Bekannten und Freunden eine Liebe zu verheimlichen, die niemand eher zu wissen nöthig ist, als bis sie durch
die

die Ehe von sich selbst offenbar wird! Es ist daher würklich sehr lieblos von unsern Nebenmenschen geurtheilt, wenn sie hinter eine heimliche Verbindung kommen, und es sogleich mit einer erschrecklichen Strafpredigt als ein Verbrechen ausposaunen. Haben uns im Gegentheil niederträchtige Absichten, die entweder unserm Nebenmenschen, oder doch wenigstens unserm eignen Character würklich nachtheilig sind, zur Verheimlichung bewogen, so kann man noch eher das Publicum zur Entrüstung berechtigt glauben. Stets aber bleibt das Urtheil über solche Dinge unvollkommen, ungewiß und schwer zu entscheiden.

Eben so ungewiß sind die Urtheile über Tugend und Laster zweyer Liebenden. Verhältnisse bestimmen unsre Handlungen, und ohngeachtet ich nie dem Laster das Wort reden möchte, so ist es doch ganz gewiß, daß bey einer solchen Beurtheilung auch der Scharfsichtigste sich irren und zu weit gehen kann. Verdammt also nicht sogleich alle Treuliebenden, wenn sie euch auf einem unrechten Wege zu wandeln scheinen, sondern untersucht, wofern ihr euch anders über sie zu richten berechtiget glaubet, vorher alles, was dahin gehöret, mit der genausten Schnellwage. Ich will hier mit gutem Bedacht auf keine Beyspiele mich einlassen. Aber die Fälle sind unzählig, wo Liebende bey irgend einer kleinen, würklichen oder nur scheinbaren Ver-

gehung,

gehung, mit mehr Schonung und Nächstenliebe beurtheilt werden sollten.

Jedoch muß ich auch Euch warnen, Treuliebende, daß ihr euern Herzen niemals zuviel zutrauet. Sicherheit droht euch den Fall. Wenige können wieder zurück, wenn sie einmal den schmeichelhaften Weg der Thorheit betreten haben. So viele Freyheiten uns auch die tugendhafte Liebe einräumet, so verlangt sie doch auch tausend Pflichten gegen den Wohlstand und gegen die sittlichen Gesetze von uns. Auch sey die Mäßigkeit eure Führerin. Selbst die reinste Liebe ist Gift im Becher des Ueberflusses; und sparsam sey die Verschwendung weiblicher Reitze auch an den tugendhaftesten Jüngling.

Schwerer beantwortet sich die Frage, ob es erlaubt sey, sich ohne Vorwissen und Genehmhaltung der Eltern zu lieben? Hier kann ich aus Herzensgrunde weder mit Ja noch mit Nein antworten. Ich würde allerdings Nein sagen, wenn ich nicht den Eigensinn mancher Eltern und ihren pochenden herrschsüchtigen Stolz kennete. Und Ja kann ich nicht sagen, denn das wär wider die bürgerlichen Gesetze, ja oft selbst wider die Gesetze der Natur. Allein es giebt doch auch hierin unzählige Ausnahmen. Ganz gewiß kommt hier alles auf eine delicate Untersuchung aller Nebenumstände an, um bey einzelnen Fällen richtig urtheilen zu können.

Hier

Hier könnte man auch noch die Frage aufwerfen: ob es in jedem Stande zu lieben erlaubt sey? Wohl in den meisten, wenn man den Militärstand und den geistlichen Stand bey den Katholicken ausnimmt, denen es durch bürgerliche Gesetze verboten ist. Nur der Jüngling, welcher den Wissenschaften sich weihet, verliert einigermaaßen seine Ansprüche auf die Liebe, so lange bis er sein Ziel erreicht hat. Es ist allerdings selten dienlich, wenn ein Schüler der Zärtlichkeit huldigt. Gesetzt auch, daß er männlich denkt, und nicht seine Wissenschaften über den zärtlichen Tändeleyen vergißt, so wird er doch fast immer in so mancherley traurige Lagen kommen, die ihm seine süße Stunden der Liebe gewaltig verbittern. Er wird scheele Gesichter und schiefe Urtheile, noch mehr, er wird Trennung, Gefahr der Untreue, und wer weiß was alles noch, erfahren und erdulden müssen. Demohngeachtet ist auch nicht zu leugnen, daß frühe Verbindungen zuweilen sehr glücklich ausschlagen. Nicht selten ist die Liebe Anfeuerung zum Fleiß und zu schneller Erringung des Kranzes der Weißheit; und süßer ists, am Ziele eine treue Begleiterin erwartungsvoll und theilnehmend schon zu finden, als sie sich erst suchen zu müssen.

Gern hätt' ich noch einige Seiten gefüllet mit Gedanken über die Eyfersucht, jene so treue Gefährtin der Liebe, und die oft auch bey den tugendhaftesten häftesten Verbindungen eine mächtige Störerin der Ruhe und Eintracht wird. Denn sie ist eine Leidenschaft, die nicht selten ganz ohne zureichenden Grund aus übler Laune entsteht, und sehr schwer wieder zu besiegen ist, wenn man ihr einmal einen Platz im Herzen vergönnt hat. Allein ich hätte mir einen Gegenstand zerrissen, welcher eigentlich bey einer regelmäßigen Eintheilung in den Abschnitt, wo von der Ehe gehandelt wird, gehöret. Ich verspare daher alles, was über diese Leidenschaft gesagt werden kann, und schlüsse nunmehr diesen ersten Theil, von der Liebe um sogleich zu den Gedanken über die Ehe, fortzugehen. Gehab dich indes wohl, lieber Leser! Bald sprechen wir uns wieder, und wollen alsdenn jene Treuliebenden, welche die Hand des Priesters zur Ehe einweiht, mit einem scharfen uns belehrenden Auge in allen Scenen ihres ehelichen Lebens aufsuchen, und ihre Thorheiten sowohl als ihre Vorzüge mit dem Lichte der Wahrheit beleuchten!

Zweyter Theil.

Ueber die Ehe.

Erstes Kapitel.
Von der Ehe überhaupt.

Endlich, nach allen Schmachten und Sehnen, nach allem Ueberlegen und Herumirren, nach alle dem romantischen Getändel der Jugend ist doch die Ehe das Ziel aller dieser Bemühungen, und die goldne Fessel, die wir uns selbst anlegen. Früher oder später wird uns dieser Stand zum Bedürfniß. Oft nähren wir, ohne es selbst zu wissen, den Trieb dazu in unserm Busen. Zwar giebt es Hagestolze und eigensinnige alte Jungfern genug, aber diese entsagten beyderseits fast immer aus Mangel an schicklicher Gelegenheit, oder aus Unentschlossenheit dem ehelichen Stande. Auch giebt es eine Menge Herumschwärmer und flatternder Dirnen, welche das eheliche Leben haßen, und ihm den schwelgenden Wechsel im Genuße weit vorziehen. Aber man erinnre sich, daß ich hier vom Allgemeinen spreche, daß ich

Triebe

Triebe schildre, wie sie aus der Hand der Natur
kommen, nicht vom modischen Leichtsinn entstellt,
noch vom allgewaltigen Beyspiel der Höfe vergiftet.

Die Befriedigung der sinnlichen Geschlechtslust,
die Erzeugung uns ähnlicher Geschöpfe, und der
vertrauliche Umgang mit einem theilnehmenden
Gatten, diese drey große, von den Rechtsgelehrten
also genannte Entzwecke der Ehe sind auch würklich
von der Natur eingepflanzte Triebfedern, die uns
ewig ins Ohr flüstern, daß es nicht gut ist, allein
und ohne Gatten zu seyn. Nie werden sie im
außerehelichen Stande so vollkommen, so mit Ruhe
und Bewustseyn der Unschuld befriedigt werden können, als in jenem geheiligten Bunde, den uns Natur und sittliche Gesetze vorgeschrieben haben. Es
ist wahr, wir können unsern Geschlechtstrieb befriedigen bey jedem Weibe, daß es uns zuläßt.
Aber werden wir bey der öftern Abwechselung nicht
auch oft sehr mangelhafte Befriedigung finden?
Müssen wir nicht überzeugt seyn, daß die feile Dirne, oder die Ehebrecherin uns nicht allein liebt,
wir mithin in steter Gefahr sind, verfolgt oder gestraft zu werden? Setzen wir uns nicht bey jeder
Umarmung der Möglichkeit aus, unsre Gesundheit
auf ewig zu verlieren, und ein steter Sklav der
Aerzte zu werden? Dies alles sey auch im umgekehrten Falle den Weibern gesagt. Aber wie ruhig
genüßen wir nicht im keuschen Ehebette alle Freuden
der

der Zärtlichkeit, wie sicher und gefahrlos befriedigen wir nicht hier die Forderungen der feurigen Jugend!

Ferner: wir können Kinder zeugen auch außer der Ehe. Niemand wird dies widersprechen, vielmehr, ist es leider nur allzu gewiß, daß Tausende in der Welt herumlaufen, die ihren Vater nie kannten, und in ihrer Mutter eine betrogne Bettlerin kennen. Allein wie zwecklos, wie leichtsinnig, ja wie grausam sieht dies Kinderzeugen aus! Nie anders als mit wehmüthigen Empfindungen sah ich solche Würmchen aus dem Schooße der für Schaam und halber Verzweiflung zitternden Mütter hervorgehn. Sie betreten den großen Schauplatz der Welt unter tausend Verwünschungen, sie werden verabsäumt, ja auf alle mögliche Art gekränkt, und wenn das Schicksal hart genug ist, sie dennoch leben zu lassen, so laufen sie wie verirrte Schaafe herum, schmiegen sich an alles an, ohne daß man sich ihrer erbarmet, sind verachtet und verlassen, und müssen sich durch Dornenvolle Labyrinthe winden, ehe sie zu einem bestimmten Leben gelangen können. Denn wie so klein ist die Zahl solcher heimlichen Väter, die ihre unächten Abkömmlinge gehörig ernähren können; und wie viel sind deren nicht, die, wenn sie das Vermögen dazu besäßen, es dennoch nicht thun, sondern nach schwelgendem Genusse sich um diese Unglücklichen weiter gar nicht bekümmern, vielmehr ihr Geld dazu anwenden, aufs neue Dirnen

K

feil

feil zu machen! — Begünstigt ein Weib eure Lüste, und ihr vermehrt die Welt heimlich unter dem Gefieder des Mannes, so laufen eure Gezeugten freylich nicht so große Gefahr, im Elende zu schmachten, aber ihr seyd auch schändliche Betrüger eines rechtschafnen Mannes, ihr bestehlt ihn doppelt, indem ihr ihm die halbe Gunst seiner Frau nehmt, und indem ihr ihn verbindet, sein Vermögen auf Erziehung solcher Kinder zu verwenden, die ihm nicht gehören. Wie schön ist es hingegen, wenn ihr, Väter und Mütter im Schooße der häuslichen Glückseligkeit eure rechtmäßigen Kinder in euern Armen wieget! wenn mit dem Beyfall eurer Freunde und unter den Segnungen der Priester und des Volkes, kleine Zeugen eures Daseyns, die euern Nahmen führen, mit allen Rechten der Landeskinder und der gültigen Erben in die Welt kommen! wenn sie wachsen, und artig werden, und mit ihren kleinen listigen Augen um euch her zu euern Füßen spielen! wenn sie in allem euch nachahmen, und von euch geleitet und gebildet, endlich die Stufen der Weißheit und der Kenntniß, die Gesellschaften des bürgerlichen Lebens betreten! wenn sie endlich euch mit Ehrfurcht Vater und Mutter nennen, euch mit großen Aufopferungen dienen, und euch im grauen Alter auf den Händen tragen! Denn es steht nur bey euch, ihnen durch eine gute Erziehung diesen sanften Character einzuflößen! O wie hinreissend prangt jene Grouppe in dem Auge des

Weisen

Weisen, wo der sorgsame Vater mit der zärtlichen Mutter im Kreise vergnügter und wohlgezogner Kinder wandelt! Zwar es wird euch nicht leicht werden, die Zeugen eures Daseyns' auszubilden, und glücklich zu machen. Manchen Thaler werdet ihr auf sie verwenden müssen, welcher der freye junge Mann in Gesellschaften verschwelgt; aber der Schwelger hat am Ende nichts, und ihr habt glückliche Kinder, die euchs danken, die euch segnen und mit Ehrfurcht euch einst die Augen zudrücken. Mancher Schweißtropfen wird von eurer Stirne rinnen, mancher Kummer euch umnebeln und manches Aergerniß über jugendliche Thorheit euch Bitterkeit geben; aber dies alles nimmt ein Ende, und dann seht ihr auch den Lohn eurer Bürden, werdet in Kindern und Enkeln noch bey der Nachwelt geehrt, habt Stützen und Vertraute im ohnmächtigen Alter, und ihr geht mit einer gewissen stolzen Ruhe aus der Welt, weil ihr wißt, daß ihr in Kindern und Enkeln wieder auflebet. Freylich giebt es zuweilen auch Kinder, die ohngeachtet der besten Erziehung Lasten der Erde werden, aber dies ist eine Ausnahme von der Regel, und ein ungünstiges Schicksal, dessen Entscheidung einer höhern Macht zukommt, und wie wahrscheinlich ist es nicht, daß die mehrsten bösen Weltbürger in der Erziehung verwahrloset wurden! Eben so ist es auch eine Ausnahme und ein unentschiedenes Schicksal, wenn Väter oder Mütter zu zeitig von einer Heerde Kinder wegsterben, und diese dadurch der nöthigen Erziehung und Vorsorge beraubt werden. Allerdings sind sie dann nicht selten, ohne geerbtes Vermögen, so verlassen, als die auserehelichen Kinder, aber sie sind doch rechtmäßig, sie können der ganzen Welt ihr Schicksal klagen, und sie haben, den bürgerlichen Einrichtungen zufolge, gerechtere Ansprüche auf den Beystand ihrer Verwandten, als jene.

Man vergebe mir, daß ich mich so lange bey diesen Gedanken aufhielt. Es giebt gar zu viel solche junge Lecker, die, wenn man ihnen vorwirft, daß sie der Welt die ihr schuldige Menschenvermehrung entziehn, mit einer unausstehlichen Keckheit antworten; sie könnten ja der Welt Kinder geben, ohne sich zu verheyrathen. Diesen wollt' ich gern begegnen, und ihnen bey der Gelegenheit mit ein paar Worten sagen, daß zwischen Kinderzeugen und Kinderzeugen ein sehr wesentlicher Unterschied sey.

Der dritte Entzweck der Ehe, nehmlich das mutuum adjutorium, oder der wechselseitige Beystand, welchen Verehlichte einander leisten, kann außer der Ehe nun ganz und gar nicht erreicht werden. Man wird mir vielleicht einwenden, daß dieses auch nicht der wichtigste, nicht ein unentbehrlicher Entzweck der Ehe sey. Ich kann hierauf gern zugeben, daß extinctio libidinis sowohl als sobolis procreatio, dieses für den Staat interessanter, jenes fürs einzelne Individuum unentbehrbehrlicher sey, als das mutuum adjutorium. Aber es ist doch auch gewiß eine sehr wichtige Sache, die Aufmerksamkeit und Erwägung verdient. Und wer einmal gefühlt hat, wie leicht sich alle Lasten des Amts, des bürgerlichen und des häuslichen Lebens am Arme eines braven, theilnehmenden Weibes ertragen lassen, der wird, wofern sein Verstand und sein Herz nicht völlig umnebelt sind, gewiß die Gattin nicht mit einer eigennützigen Haushälterin vertauschen, die nur an sich denkt, an dem Geschick ihres Herrn nur um ihres Genusses Willen Theil nimmt, und überhaupt auch gar keine Pflicht auf sich hat, jeden Kummer und jede Beschwerde mit dem Hausherrn zu theilen. Und was ist nicht mehrentheils für eine elende Verfassung in einem Hauswesen, wo die Hausfrau mangelt? Auch selbst der junge Mann, ohne weitläuftige Oeconomie fühlt, wofern er anders ein Mann von Geschäften, und nicht ein süßer Müßiggänger ist, mehr als zehnmal des Tages das Bedürfniß eine Gattin zu haben, denn niemand sorgt so vor ihn, als sie sorgen würde, und er hat weder Zeit noch Lust, sich um alle unentbehrliche Bequemlichkeiten, oder ökonomische Bedürfnisse zu bekümmern. Fragt ferner ein verwaystes Mädchen oder eine Wittwe, ob sie nicht ohn' einen Gatten immer furchtsam und besorgt lebt, ob jemand so recht aus der Fülle seines Herzens für sie das Wort redet, und ihre Stelle so aufrichtig vertritt, als es ein redlicher Gatte thun würde.

würde. Endlich so ist es auch für betagte Personen ein unvergleichliches Wohlbehagen, wenn eins das andre nach seinen Kräften abwartet. Seit langen Jahren in der vertraulichsten Eintracht, erinnern sie sich an gleiche Schicksale, sind gegenseitig ihrer Schwächen gewohnt, und haben nicht erst nöthig, sich den Urtheilen der unerfahrnen Jugend auszusetzen. Allein freylich ist es oft das Verhängniß betagter Eheleute, daß eins das andre verlieren, und dann nicht selten noch Jahrelang allein, einsam und manchmal verlassen genug in diesem unvollkommnen Leben wallen muß. Doch, das Ziel ist nahe, der Pfad mit Ehren vollendet, und desto feuriger umfaßt das Zurückgelaßne die Arme des endlich kommenden Todes.

Ich habe von dem dreyfachen Entzweck der Ehe, das heißt von einem dreyfachen Glück der Ehe geredet, denn wenn unschuldige Neigungen oder Wünsche auf eine erlaubte und gesetzmäßige Art befriedigt werden, so ist es allerdings ein Glück zu nennen. Daß aber der eheliche Stand auch seine mannigfaltigen Beschwerden habe, wird niemand leugnen, und dies widerlegt auch meine der Ehe eingeräumten Vorzüge keinesweges. Denn immer ist das irrdische Glück mit Kummer durchwebt, ja alle Freuden werden doppelt schön durch vorausgegangene Leiden. Ich werde mich daher bemühen, in den folgenden Abschnitten die merkwürdigsten Scenen und Eigenheiten des ehelichen Standes

Standes aufzusuchen, und sowohl ihre lächerliche und ihre ernste Seite, als auch ihre Vorzüge und ihre Nachtheile ins Licht der Wahrheit zu stellen geflissen seyn. Möchte man mein Bestreben für das halten, was es würklich ist, nehmlich die lautre Absicht, Vorurtheile zu besiegen, Thorheiten zu bessern, und Weise, als liebenswürdige Beyspiele, in die ihnen gebührenden Rechte der allgemeinen Verehrung zu setzen. Möcht' es mir gelingen, nie mißverstanden zu werden, und nie in den Verdacht zu kommen, als hätte mich nur unbezwingbare Tadelsucht zu diesem Buche verleitet. Nein, nur Wahrheitsliebe, und wofern es die Bescheidenheit nicht zu gestehen verbietet, das Verlangen einiger mir sehr schätzbaren Freunde!

Zweytes Kapitel.
Verlobungen.

Jüngling und Mädchen, die sich fest miteinander versprochen haben, oder auch schon feyerlich verlobt sind, sind zwar freylich noch keine Eheleute. Ich aber mache mir kein Gewissen daraus, sie darunter zu zählen, kann auch an keinem schicklichern Orte von Versprechungen handeln, als in der Abhandlung über die Ehe, weil sie näher hieher gehören, als dahin, wo von der Liebe die Rede ist, welche an und für sich nichts von diesem bürgerlichen Zwange weiß. Denn der angebohrne Geschlechtstrieb setzt nicht grade voraus, daß wir immer vor einen und denselben Gegenstand empfinden müssen. Die menschlichen Gesinnungen ändern sich, und mit beyderseitiger Uebereinstimmung kann, dem Gesetz der Natur nach, jedes eheliche Bündniß zu allen Zeiten, und ohne besondre Voraussetzungen aufgehoben werden. Die Religion und die bürgerlichen Gesetze hingegen, welche, der Vernunft und Klugheit gemäß, dies willkührliche Zusammenlaufen und Trennen nicht dulden, legen uns einen Zwang auf, den wir uns um so viel williger gefallen lassen, je gewisser es ist, daß er auf unser Glück und auf die Ruhe unsers Lebens abzielet. Wer nun aber mit einem Mädchen unter gewissen Versicherungen der künftigen Ehe sich verspricht, oder wohl gar öffentlich verlobt, der unterwirft sich von diesem Augenblick an dem Zwange der bürgerlichen Gesetze, und dieses Paar gehört nunmehr auch unter die Reihen der Bekenner Hymens.

Es ist ein drolligtes Ding um die Versprechungen. Wenn wahre Neigung unser Herz leitet, so ist unsre Wahl allemal entschieden, und wir besiegen gemeiniglich, wenigstens in unsern Gedanken, alle sich uns darstellende Hindernisse. Aber wenn wir gegen das ganze Weibergeschlecht nichts haben, wenn wir viele unter den freundlichen Gespielinnen

kennen,

kennen, aber doch nicht mit Allgewalt zu einem bestimmten Gegenstande hingerissen werden, da wird uns die Wahl schon schwerer. Wir wählen und verwerfen wieder, wir werfen unser Netz überall aus, und wenn wir dann den Zug thun sollen, haben wir nichts drinnen, weil es uns noch kein rechter Ernst war. Wir begeben uns dann wieder eine Weile in den Mönchsorden, bis aufs neue der günstige Trieb erwacht. So tändeln wir, bis wir endlich, des Harrens und Herumflatterns müde, in den Glückstopf greifen, und unser Loos herausziehn. Zuweilen werden wir dann doch noch abgewiesen, und das kränkt uns eine Weile, bis wir den Gram wieder vergessen und endlich zu unserm Ziele gelangen. Noch schwerer wird die Wahl, wenn wir uns nur aus ökonomischen Gründen verheyrathen wollen. Dann ist noch eine Eigenschaft mehr, die dasjenige Frauenzimmer besitzen muß, welches wir zu unsrer Gefährtin wählen wollen. Wir gehn, in diesem Falle, Jahrelang umher, und schweben in steter Unentschlossenheit, wofern uns nicht unsre Verfassung dringt, unser Vorhaben zu beschleunigen.

Die Mädchen werden hier von ganz andern Empfindungen durchdrungen. Sie bilden sich bey jedem freundlichen Worte, das ihnen ein Mann sagt, ein, er müsse nothwendig einige Absichten auf sie haben. Da sie ferner nicht füglich selbst auf die Wahl ausgehn können, so bleiben sie beym Wünschen,

schen, und träumen sich eine Menge von Männeridealen, die alle die Eigenschaften besitzen, welche sie künftig an ihren Gatten zu finden wünschen. Gemeiniglich aber kommen ihre Einbildungen nicht ganz zur Erfüllung. Denn nur wenige können so delicat wählen, nur die, und noch mit öfrer Ausnahme, welche Vermögen besitzen; da hingegen die Mittlern und Armen, besonders bey jetzigen Heyrathslosen Zeiten, mehrentheils mit dem ersten besten Antrage zufrieden seyn müssen, besonders wenn sie schon über das halbe Jubiläum hinweg sind.

So gewiß es nun aber auch ist, daß diejenigen jungen Leute glücklich sind, welche schon vor der würklichen Verlobung sich lange kennen und lange lieben, denn sie vermählen sich aus wahrer Neigung frey von jeder Nebenabsicht; so ist es doch auch nicht immer gut, wenn sie gar zu lange vor der möglichen Verheyrathung schon heimlich miteinander verbunden sind. Sie müssen dann, aus mancherley Nebenursachen, die eben das Geheimhalten ihres Versprechens voraussetzen, oft viele Jahre warten, ehe sie ihr Ziel erreichen, und sollte dies nicht bey ihnen so manche Grillen, so manches Mißverständniß, so manche Ungeduld nach sich ziehen? Wenigstens wird bey der endlich errungenen Verbindung der Reiz der Neuheit, der doch fürs menschliche Herz immer sehr schmeichelhaft ist, gröstentheils wegfallen. Es giebt inzwischen in diesem Falle schon hier und da Ausnahmen, deren

ich

ich selbst welche gesehn habe; aber sie sind sehr
selten.

Ich komme nunmehr auf die Verlobungen selbst:
Bey den mehrsten christlichen Nationen sind sie
feyerlich, und von der Hochzeit selbst unterschieden.
Dahingegen bey den mehrsten Bewohnern der übrigen Welttheile, besonders bey den Wilden, Verlobung und Beylager Ein Fest ist. In Deutschland
ist diese an und für sich lobliche Cärimonie der Verlobung zu einer wahren theatralischen Posse umge-
schaffen worden. Ein junger Mann von Kopf
muß sich nothwendig fürchten für den abgeschmack-
ten Vorbereitungen, welche seine und seiner Braut
Verwandten mit der grösten Emsigkeit beginnen.
Er kann nicht anders als mit Schaamröthe dabey
stehn, wenn ein andrer an seiner Stelle, und dennoch in seiner Gegenwart, feyerlich um sein Mädchen wirbt, mit der er längst eins ist, und von welcher er aufs Versprechen bereits eine schöne Anzahl
Küße bekommen hat. Gesetzt aber auch, daß er
selbst wirbt, so ist ihm doch das feyerliche Wortge-
pränge, welches er dabey beobachten muß, gewiß
nicht minder zuwieder. Der Vater der Braut,
oder an dessen Stelle ein Andrer, giebt nun mit
vielen Kratzfüßen das erröthete Mädchen weg, nachdem er sie und ihren Bräutigam vorher nach allen
Regeln der lügenhaften Panegyrie weidlich herausgestrichen. Und dennoch sind am Ende diese Weit-
läuftigkeiten noch gar nichts. Denn es ist nach

der

der Verlobung noch sehr leicht, und geschieht häufig, daß die jungen Leute wieder von einander getrennt werden. Wie Schade dann um die schönen Kuchen und um den vielen Wein, welcher dabey verschwendet wurde! Kurz: meinen Empfindungen nach können die feyerlichen Verlobungen gänzlich wegfallen, und ich würde es zureichend finden, daß die Eltern von beyden Seiten Ja sagten, das Pärchen dann aufgeboten, und ein paar Tage hernach die Trauung vollzogen würde; über welche, und zugleich über die sie allemal begleitende Hochzeit ich im folgenden Kapitel zu reden Gelegenheit haben werde.

Drittes Kapitel.
Trauung und Hochzeit.

Die Trauung ist eine löbliche Cärimonie. Aber sie ist auch würklich nur eine Cärimonie. Denn auch ohne sie könnten Ehen geschlossen werden, könnten Ehen glücklich seyn. Und ob es zwar von jeher üblich gewesen, daß Neuverlobte von dem Priester eingesegnet wurden, so hat doch kein eigentliches Gesetz Gottes die Trauung jemals feyerlich befohlen. Allein so wahr dies ist, so sey es doch fern von mir, jene kirchliche Einrichtung zu tadeln. Viel-

Vielmehr ist sie nützlich, und in mancherley Betracht fast unentbehrlich. Die Trauung ist dem Pöbel ein so heiliges Gesetz, daß er sie eben so gut für ein Sacrament hält, als der Katholick, ob er sie gleich, nach Maaßgabe unsrer Glaubenslehren, nicht mit dem Munde also nennet. Würden die Ehen des Pöbels ohne alle geistliche Beyhülfe nur vor Gericht geschlossen, er würde weit öftrer dieses Joch abzuschütteln suchen, weit öftrer eine Ehescheidung verlangen. Aber das geistliche Ansehen unterstützt und vollendet in diesem Falle das Ansehen der Obrigkeiten.

Allein nicht nur in diesem Betracht ist die feyerliche Trauung löblich. Die Religion hat doch warrlich bey einer so wichtigen Handlung, wie eine Verheyrathung ist, auch ein Wörtchen zu sprechen, und es zeugt gewiß von dem grösten Leichtsinn, wenn wir sie ohn' alles Gebet anfangen. Muß es nicht vielmehr unsre süßeste Pflicht seyn, deren Erfüllung uns, nicht dem, zu den wir flehen, Vortheil bringet, daß wir den Allmächtigen in tiefster Demuth um Segen zu einer der wichtigsten Veränderungen in unserm Leben anrufen? Gewiß, wer nicht die Existenz einer Gottheit leugnet, nicht ihre Vorsicht und Regierung in Rücksicht der Menschen hochmüthig für Fabel hält, der wird meinen Empfindungen beystimmen. Welcher Ort aber ist wohl schicklicher zum Gebet für die Neuverlobten, als jener geheiligter, wo wir uns zu allen Zeiten ge-

mein-

meinschaftlich zum Lobe Gottes versammeln? Und was ist fähiger, fromme und religiöse Empfindungen in ihrer Seele zu erregen, als die aufmunternden und segnenden Worte des Priesters?

Auch von dieser Seite sind also die kirchlichen Einsegnungen Verlobter eine schöne und nothwendige Sache. Aber daß man dabey mehr auf Kleiderpracht sieht, als auf die eigentliche Absicht, daß eine Menge nach Schwelgen begieriger Gäste das Brautpaar hohnlächelnd begleitet, daß endlich eine unzählbare Menge müßigen Volkes herbeyströmt, welches jede Miene, jedes Kleidungsstück, jede Bewegung des Hochzeitpaares in klatschhafte Beurtheilung nimmt, und endlich sogar Leute von Stande auf die Emporkirchen laufen, um über alles, was sie sehen, hämische Anmerkungen zu machen, dies ist der entsetzlichste Mißbrauch, und ein Unsinn, welchem selbst Obrigkeiten nicht zureichenden Einhalt zu thun im Stande sind. Auch diese einzigen Bewegungsgründe sind es, welche Personen von Stande entschuldigen, daß sie sich in ihren Zimmern trauen lassen, denn ohne dieses weiß ich nicht, warum bey solchen Handlungen, welche alle Stände miteinander gemein haben, erst ein Unterschied des Ortes gemacht wird, da wie uns doch alle, Vornehme und Geringe, Fürsten und Bettler, in einem Bethause versammeln.

Noch muß ich eine kleine Anmerkung beyfügen über einen biblischen Text aus dem alten Testament,

welcher

welcher dem Brautpaare bey der Trauung vorgelesen wird. Ich meyne jenes: Seyd fruchtbar und mehret euch, und füllet die Erde. Wer diesen Text zu den Trauungen erwählt hat, muß wohl rechte innige Freude über seinen glücklichen Einfall gehabt haben. Es gab doch gewiß von jeher eine Menge Verheyrathungen, wo das Brautpaar bereits eine ziemliche Reihe Jahre zählte. Wie abgeschmackt und lächerlich klingen in solchen Fällen diese Göttlichen Worte, welche der Schöpfer, wofern es nicht die dichtrische Erfindung des mahlenden Mosis ist, zu dem jungen, nervigten und vor wenig Stunden erst erschaffnen Paare sagte! Ueberdieses deucht es mir überhaupt an einem unschicklichen Orte zu seyn, junge Eheleute hier an die Vermehrung zu erinnern, und den Segen der Fruchtbarkeit über sie auszugießen. Sie werden es wohl ohnedies gemeiniglich nicht an dem guten Willen in diesem Falle fehlen lassen; auch möchten diese Worte des Ernstes hier, wo man zum Gebet da ist, vielleicht nicht selten entgegengesetzt auf sie würken, und ihnen, statt der Andacht, wohl die Brautnacht zu lebhaft in die Gedanken führen. Ich erinnre mich bey dieser Gelegenheit eines jungen Landpriesters, welcher ein Paar traute, wo der Bräutigam 70, die Braut 66 Jahr alt war. Er mochte es nicht übers Herz bringen können, ihnen die Worte von dem Fruchtbarseyn vorzulesen, und erkühnte sich daher, sie wegzulassen. Das junge, feurige Paar, welches

sich

sich hierüber sehr beleidiget fand, beschwerte sich sogleich beym Superintendenten, die Sache ward höhern Orts anhängig gemacht, und der junge Priester ohne Pardon auf 4 Wochen seines Amtes entsetzet. Nun will ich zwar ein Hochpreißliches Consistorium hierüber nicht tadeln, auch gern einräumen, daß der Geistliche nicht der Mann ist, welcher das Ziel der Fruchtbarkeit bestimmen kann, aber dieser glaubte nun schon einmal an keine Wunder, war auch überdieses mit seinem orthodoxen Herrn Superintendenten niemals recht einstimmig.

So viel von den Trauungen. Nun noch ein paar Worte über die Hochzeiten. Daß das neue Ehepaar mit einigen Verwandten und Freunden ein fröhliches Mahl genüsset, wird kein Mensch tadeln, der nicht von der freudenfeindlichen Milzsucht geplagt wird. Allein wir spannen schon seit langer Zeit die Saiten zu hoch in dieser Sache. Es ist etwas entsetzliches, daß man Hochzeitmahle veranstaltet, wo die Gäste 6 bis 7 Stunden an der Tafel sitzen müssen. Auch sprengt man Leute zu Hunderten zusammen, welche gröstentheils darum gebeten werden, damit sie ihre Mahlzeit durch reichliche Geschenke bezahlen. Wozu nützt nun diese elende Einrichtung, wobey man noch darzu nicht nach eigner Willkühr bey seinen Freunden, sondern nach dem Range sitzet? Es ist bey solchen Gastgeboten fast immer die elendeste Unterhaltung. Denn daß schwache Köpfe ein Vergnügen an den Gaukeleyen

leyen gewisser pourlesquen Menschen und an den Zoten der Berauschten finden, beweißt nichts wider meine Behauptung. Das sonderbarste ist, daß nicht nur Personen von einigem Stande und Ansehen, sondern auch sogar Leute aus dem niedrigsten Pöbel die ansehnlichsten Gesellschaften zusammenjagen. Der elendeste Schuhflicker sitzt nicht selten als Bräutigam an der Spitze einer Gesellschaft von hundert Personen, unter denen Doctoren, Superintendenten, Magistratspersonen und vornehme Kaufleute befindlich sind. Durch Geräusch, Musik und Wein betäubt, wirft sich so mancher dieser Herren weg, und schwazt einfältiges Zeug, oder liebäugelt mit dem gepuzten Schneidermädchen. Wenn nun endlich die Tafel aufgehoben ist, so läuft alles durcheinander, bis nach einiger Zeit der steife, gesetzmäßige Menuettanz anhebt, welcher oft viele Stunden dauert, eh' es der Wohlstand erlaubt, leichtere und freyere Tänze zu beginnen. Indes die Musik manches Geschrey und manches unüberlegte Wort der allgemeinen Aufmerksamkeit verbirgt, wimmeln die Vorsäle von neugierigen Zuschauern, und auf der Treppe oder in denen von keinen Lampen erleuchteten Winkeln sieht man Amorn öfters schmuzige Siege vollenden. Bey dieser Gelegenheit mag wohl auch nicht selten zu einigen neuen Weltbürgern der Grund gelegt werden. Doch dies sey meinetwegen den Söhnen und Töchtern der Freude vergönnt, um so viel mehr, da es ein Fest der Vermehrung ist, welches iezt begangen wird. Aber grausam ists, daß Zuschauer oder Gäste zum Ziele jener Freuden eilen, welche man den Hauptpersonen, dem Brautpaare, durch Etiquette oder Schäkereyen, erst gegen den Morgen des künftigen Tages vergönnet. Fragt nur so manches junge Paar, ob es euch nicht lieber alle eure prächtige Tänze, eure Pauken, euern Punsch und Limonade schenken würde, um nur bald aus dem zwangvollen Getümmel zu kommen, und erröthend, im Arme der Liebe, selig zu schlummern?

Viertes Kapitel.
Etliche moralische und häusliche Pflichten der Ehegatten.

Es ist ein sehr reizender Anblick, ein neuvermähltes junges Paar beyeinander zu sehen. Es herrscht eine gewisse angenehme Schüchternheit zwischen ihnen, welche das junge Weibchen sehr artig kleidet, und dem Muthe des Mannes Stoff giebt, sich mehr und mehr zu entwickeln. In diesem Zeitpunkt schwebt die Unschuld deutlicher als jemals auf ihren Stirnen. Und der Gedanke, ihre gegenseitige Zärtlichkeit für niemand mehr verbergen zu dürfen,

fen, theilt ihnen eine liebenswürdige Offenherzigkeit mit. Allein die erwähnte Schüchternheit verschwindet gemeiniglich sehr bald, wofern es anders nicht tändelnde Puppen sind, die in affectirtem Wesen ihre höchste Seligkeit finden. Alsdenn hebt der vertraulichere Umgang an, und das gegenseitige Theilnehmen an allen Vorzügen und Beschwerden. Nun beginnt jenes zahlreiche Heer von Tagen, welches sie in der festesten Verbindung mit einander verleben sollen. Wehe denen, die nur aus Sehnsucht nach Wollust oder aus Eigennutz heyratheten, ohne vorhero ihr Herz mit der grösten Strenge um seine Uebereinstimmung zu fragen! O möchten nicht so viele hundert Ehen unter der Sklaverey der Verhältnisse geschlossen werden, daß nicht so viel lüderliche Wirthschaften entständen, nicht so viel bleiche, vom Gram entstellte Gesichter herumwandelten, nicht so viel sieche Kinder gebohren würden, deren Urstoff in den Augenblicken des Grams und der Abneigung begann!

Doch, ich gehe fort zur Erwägung derjenigen Pflichten, welche denen Ehegatten sowohl im geselligen Umgange als auch im Hauswesen gegenseitig obliegen. Es sind deren eine sehr grosse Anzahl, einige wichtiger, andre minder wichtig, und wollt' ich sie alle durchgehen, so würde dies ein eignes Buch von einigen Bänden erfordern. Daher seh' ich mich genöthigt, nur einige zu berühren, nur diejenigen, von welchen ich Gelegenheit gehabt habe zu bemerken, daß sie am öfftersten verabsäumt werden. Wie ich denn auch einigen von den wichtigsten Pflichten in der Folge besondre Kapitel zu weihen gesonnen bin.

Eheleute, auch selbst die, welche mit Recht verträgliche genennt werden, sind doch zuweilen nicht ganz einig unter einander. Es entstehen hier und da kleine Mißhelligkeiten zwischen ihnen, z. B. über die Wahl der Vergnügungen, der Gesellschaften, der Spaziergänge, des Anzuges u. s. w. Man sollte glauben, daß dies Kleinigkeiten wären, aus welchen keine Mißverständnisse entstehen könnten. Und dennoch beweißt die tägliche Erfahrung das Gegentheil. Der Mann will in Gesellschaft gehn, die Frau will eine Promenade machen, oder umgekehrt. Wer von beyden soll hier die Oberhand behalten? Der Mann liebt die einsamen Gegenden, die Frau die lebhaften. Wer soll entscheiden? Der Mann will eine Perücke tragen, die Frau will ihn lieber im eignen Haare sehn, oder sie kann überhaupt die Pfökelmützen nicht leiden. Die Frau trägt Poschen, und der Mann sieht es nicht gern, weil er lauter breite Wege wählen muß, um züchtig neben ihr gehn zu können, oder weil er sich öfters daran stößt. Wer soll nun in solchen Dingen das Machtwort sprechen? So läppisch diese Sache klingt, so ist es doch im Ernst sehr schwer, solche Mißhelligkeiten zu verhindern. Eben so schwer ists, einer Parthey Recht zu geben, und der andern abzulegen.

Geschehn

Geschehn die Zänkereyen blos aus Eigensinn oder Unleidlichkeit des einen oder des andern Theils, so verdient er eben die Züchtigungen, die überhaupt für jeden Narren gehören. Aber wenn nun jeder Theil für sein Mißvergnügen Gründe hat, so ist es nicht selten der Fall, daß aus kleinen Sticheleyen endlich gewaltige Uneinigkeiten entstehen. Um dies nun zu vermeiden, so suche jeder Theil der vernünftigste zu seyn, und theils in gleichgültigen Dingen nachzugeben, theils sich Schwachheiten des Andern, jedoch unter gehöriger Vorsicht, daß es nicht wahre Thorheiten sind, gefallen zu lassen, welche sein Glück und seine Ruhe nicht würklich stören können. Auf diesem Wege werden sie bald Beyde klug und nachgiebig, ja beym Wegfall des Widerspruchs, welchen besonders die Weiber gar nicht vertragen können, endlich immer bereiter werden, einander ihre Lieblingsneigungen aufzuopfern. Kurz: sie werden sich nach und nach gewöhnen, nur alle diejenigen Unterhaltungen oder Einrichtungen zu schätzen, welche sie einstimmig für gut finden. Ich weiß nicht, ob ich mich deutlich genug erklärt habe. Verheyrathete verstehn mich gewiß, und Unverheyrathete werden mich künftig verstehen.

Es deucht mir ferner eine Pflicht des Wohlstandes zu seyn, daß Ehegatten sich so viel als möglich enthalten, in einem lüderlichen und schmutzigen Anzuge für einander zu erscheinen, oder sich in wichtigen Verfassungen zu zeigen. So lange das Feuer der Jugend noch glüht, und aus jeder Enthüllung Schönheit hervorstrahlt, da schielt man begierig über die Entstellungen des Schmutzes hinweg. Aber sobald das gesetztere Alter kommt, die Begierden durch anhaltenden Genuß mehr gesättigt werden, und das Auge nicht mehr in jeder Muskelfiber Entzückung findet, da entsteht aus dergleichen Unachtsamkeit nicht selten periodische Abneigung oder Unzufriedenheit. Es ist ja gar nicht nöthig, daß Gatten alle und jede physicalische Unannehmlichkeiten miteinander theilen. Und wie leicht ist es nicht, stets in einer gewissen Ordnung und Reinlichkeit für einander zu erscheinen, ohne sich dieserwegen einen affectirten Zwang anthun zu dürfen. Wenn wir uns in jüngern Jahren in diesem Falle allen Leichtsinn erlauben, so entsteht daraus in spätern Jahren, besonders von der weiblichen Seite, eine unartige und schmutzige Nachläßigkeit, vermöge welcher man jedes alte ekelhafte Kleidungsstück zu nützen sucht, und überhaupt über alles, was man Reinlichkeit und Nettigkeit nennt, mit einem unverzeihlich sorglosen Blicke hinwegsieht.

In der Gesellschaft andrer Personen immer an einander hangen, sich ewig schnäbeln, ewig umfassen und ans Herz drücken, ist eine andre Art Fehler, welche eben so sehr wider die Pflichten der allgemeinen Geselligkeit läuft, als jene wider die Pflichten des häuslichen Umganges. Alles hat seine Zeit. Wenn wir küssen und tändeln wollen, so müssen wir

nicht

nicht in die Gesellschaft gehn, denn alsdenn gehören wir der Gesellschaft eben so sehr als uns selbst. Der schmeichelhafte Genuß zärtlicher Gefühle gehört für die Einsamkeit. Auch ist es unangenehm für die andern Gegenwärtigen, wenn sie von den unersättlichen Schnäbeleyen Zeugen seyn sollen. Sie verlieren dadurch die Unterhaltung zweyer Personen, die nun nicht anders zu betrachten sind, als ein paar in Bewegung gesetzte Puppen, welche der Gesellschaft blos zum Anschauen dienen. Ueberdieses giebt es auch in vielen Gesellschaften Jünglinge und schüchterne Mädchen, denen bey dergleichen Anblicken der Mund voller Wasser läuft, oder welche mit Schaamröthe die Augen niederschlagen. Schon um dieser Unschuldigen willen sollte man vorsichtig seyn, nicht als ob sie etwa dadurch böse werden könnten, sondern nur weil sie in große Verlegenheit kommen, und nicht wissen, wie sie sich dabey betragen sollen.

Der entgegengesetzte Fehler von diesem ist die allzugroße Kälte und Gleichgültigkeit, mit welcher Ehegatten in der Gesellschaft einander begegnen. Dies sieht man eben so oft als jenes. Es ist doch würklich sehr traurig, daß die Welt stets in Extremen liegt, und so selten die gehörige Mittelstraße trift. Was soll man von ein paar Eheleuten denken, die sich ganze Stunden nicht um einander bekümmern, ja einander sogar ausweichen, ohne daß man alsdenn, wenn sie ja einmal zusammen sprechen, eine Zwistigkeit unter ihnen bemerkt? Entweder sie haben einen Vertrag mit einander gemacht, daß sich außer dem Hause keines mit dem andern beschäftigen will, oder sie haben keine Achtung für einander, weswegen sie es also gar nicht erst erwähnt haben wollen daß sie Gatten sind. Vertraulichkeit ist die Seele der Ehe. Und es knüpft nichts das Band der Zärtlichkeit fester, als wenn Gatten einander für der ganzen Welt eine gewisse grenzenlose Hochachtung beweisen. Beydes kann erfullt werden, ohne kindisch zu tändeln, oder sich unaufhörlich Heimlichkeiten ins Ohr zu flüstern. Die Gesetze der Gesellschaft verlangen nur Unterhaltung mit mehrern der gegenwärtigen Personen, aber nicht gänzliche Entziehung von dem Gatten oder der Gattin.

Unter allen den moralischen Pflichten aber, welche Ehegatten mit der grösten Sorgfalt gegen einander beobachten sollten, ist wohl keine größer und wichtiger, als die Duldsamkeit. Es ist ein sehr triviales Sprichwort, welches wir täglich im Munde führen, nehmlich: Jeder Mensch hat seine Fehler. Die Wahrheit dieses Sprichworts ist so unumstößlich, daß sie jedes von selbst in ihrem ganzem Umfange fühlen wird. Was hilft uns aber das Bewußtseyn, daß es wahr ist, wenn wir uns im geselligen und häuslichen Umgange nicht darnach richten wollen? Mann und Frau müssen, wofern sie sich anders mit würklicher Ueberzeugung der Herzensgüte

zensgüte lieben, eigentlich nie von einander beleidigt werden können, das heißt, sie müssen nichts vor Beleidigung annehmen, was nicht aus bösen Gesinnungen herfließt. Nichts sieht fürchterlicher aus, als wenn zärtliche Gatten miteinander zürnen; wenn die, welche man sonst immer in der reizendsten Eintracht sieht, Unwillen und Zanksucht sich entgegen blitzen; wenn jäher Muth den Mann empöret, daß er die dem schwächern Geschlecht schuldige Nachsicht vergißt; oder wenn die Frau mit unüberlegter Rechthaberey hitziges Gezänke fortsetzt, welches durch sanftmüthiges Nachgeben zu enden ihr eigentlich zukommt! Wo bey kleinen Vergehungen freundliches Erinnern nicht bessert, so ist Alles verlohren, denn wütendes Gezänk und stürmisches Auffahren richtet da nichts aus, wo nur Liebe und Schonung herrschen soll. Auch sind die meisten Entzweyungen zwischen Ehegatten nur Mißverständnisse, die daher, bey gesetztem Nachdenken, desto leichter beygelegt und vergessen werden können. Kurz: Gatten müssen sich gewöhnen, einander leicht und geschwind zu vergeben, und kleine Schwachheiten zu dulden.

Es giebt aber freylich auch Fälle, wo der eine Theil den andern schlechterdings nicht schonen kann. So kann zum Beyspiel die beste Frau durch Gesellschaften oder andre Gelegenheiten zur Waschhaftigkeit verleitet werden. Da nun diese böse Gewohnheit sehr vielen Tadel verdient, auch entsetzliches

Unheil stiften kann, so muß allerdings der Mann, wenn freundliche Erinnerungen nichts helfen, durch Strenge einen Entzweck zu erreichen suchen, welchen ihm die Klugheit befiehlt, und welchen ihm die gebesserte Gattin mit der Zeit selbst verdanken wird. So kann ferner die beste Frau unvermerkt in eine heftige Neigung gegen Putz oder prächtiges Meublement verfallen, welche sich sodann gar selten anders als mit Strenge dämpfen läßt. Im Gegentheil geräth ein sonst braver Mann zuweilen unter die Spieler, oder er schweift in Bauten, in Verschönerungen der Grundstücke und andern Dingen aus, die seine Einkünfte übersteigen. Die Frau müste selbst mit strafbar seyn, wenn sie solche Leidenschaften des Mannes nicht auf alle nur mögliche Art zu verdrängen suchte. Ueberhaupt erinnre man sich stets an jene große Pflicht, daß Ehegatten, bey aller der Höflichkeit und Nachsicht, die sie sich schuldig sind, einander dennoch nicht zuviel übersehn müssen. Dies wär eben so tadelhaft, als unaufhörlicher Zank oder Jachzorn. Gatten müssen einander aufrichtig den Spiegel zeigen, niemals schmeicheln, niemals zuviel übersehn. Der Gegentheil muß auch seine Augen nicht vom Spiegel wegwenden, er muß gesagte Wahrheit nicht übel nehmen, sondern die gezeigten Fehler zu verbessern suchen. Auf diesem Wege wandeln wir zur wahren Glückseligkeit. Tadel, mit sanfter Zärtlichkeit vorgetragen, bessert mehr als tausend Vernunfts-

schlüsse,

schlüsse, und unendlich mehr, als wütendes Auffahren.

Der Mann ist der Versorger des Hauswesens. Er muß arbeiten, damit die Frau und die Kinder, zugleich mit ihm, ihren Unterhalt haben. Seine Geschäfte sind schon in diesem Betracht von Wichtigkeit. Kommt aber nun noch hinzu, daß auf seinen Geschäften das Wohl des Staats und seiner Nebenmenschen beruht, so werden sie dadurch unendlich wichtiger. Hieraus folgt nun unumstößlich, daß es die Pflicht des Mannes sey, stets mit unermüdetem Fleiße zu arbeiten, und er überhaupt die Besorgung seiner Geschäfte nie der Zärtlichkeit nachsetze. Wir Männer können, nach unsern bürgerlichen Einrichtungen, uns der süßen Unterhaltung mit unsrer Gattin so wenig, als andern Vergnügungen, ohne Verletzung unsers Gewissens eher überlassen, als bis wir unsre Geschäfte besorgt haben. Allein sehr oft wird dies umgekehrt, und man hält die ehelichen Freuden für Hauptwerk, das Amt für Nebensache, wozu allerdings die Weiber nicht selten Gelegenheit geben, und den Mann durch stetes Getändel oder unersättliche Eroberungssucht unaufhörlich von seinen Pflichten abhalten. Oder es findet ein noch größter Fehler statt, nehmlich daß Männer die Fessel der Geschäfte von sich abschütteln, und sich von ihren Weibern ernähren lassen, oder wohl gar sich zu ihnen hinsetzen, und ihnen in weiblichen Arbeiten helfen. Alten Mütterchen und Muhmen

Muhmen gefällt dies ungemein, aber in den Augen jedes braven Mannes muß es ein ekelhafter Anblick seyn. Ueberhaupt ist es wider alle gute Sitten, wenn der Mann immerfort in einem Zimmer mit seiner Frau und Familie wohnt, und sich keinen Augenblick von ihr trennen kann. Es kann nicht fehlen, daß daraus in seinem Character eine gewisse Weichlichkeit entsteht, und ein unbezähmbarer Hang zum Müßiggange. Man mag mir immerhin einwenden, daß es öconomisch gesinnt sey, wenn der Hausvater immer im Gewühl der Wirthschaft sitzet. Ich würde, nach meinen Empfindungen, diese Oeconomie für übertrieben erklären. Ein Mann, der Kopf und Wissenschaften hat, darf nur fleißig arbeiten, so wirds ihm an Verdienst, ein besondres Zimmer für sich zu haben wohl selten fehlen. Und daß ich hier weder vom gelehrten Tagarbeiter, noch von Schuster und Schneider rede, versteht sich von selbst. Vorzüglich aber habe ich diese Anmerkung jenen Männern mittheilen wollen, welche entweder ein müßiges Amt oder eignes Vermögen haben. Diese gerathen, wie die tägliche Erfahrung lehrt, sehr leicht in den Fehler, daß sie aus langer Weile stets neben der Frau sitzen, von Stadtneuigkeiten oder von Essen und Trinken mit ihr schwatzen, oder wohl gar die öconomischen Handlanger der endlich auch träge gewordnen Frau abgeben. Bey solchem Verhalten sind sie gewiß auf dem nächsten Wege, einander überdrüßig zu kriegen.

Noch

Noch muß ich eine Unart berühren, welche nicht selten den lieben Weibern eigen ist, nehmlich: daß sie so gern in die ernsthäften und wichtigen Geschäfte des Mannes reden. Es giebt Weiber, welche sich um jedes Pappierchen des Mannes bekümmern, oder ihn um alle Kleinigkeiten fragen, die in seinem Amte vorkommen. Wenn er schwach genug ist, sich mit ihr von Amtssachen zu unterhalten, so hat er schon verspielt. Es wird ihm nicht nur bey guter Zeit zur Pflicht gemacht werden, daß er alles ungefragt erzählen muß, sondern man wird ihm auch mancherley Urtheile über diese und jene Sache aufdringen, wird ihn verbinden, sich so dabey zu verhalten, wie man es für gut befindet; mit einem Worte, er wird in kurzer Zeit, will er sich nicht Vorwürfe des Mißtrauens zuziehen, ohne die Frau nicht das mindeste vornehmen können und dürfen. Ich habe mehrere solche traurige Beyspiele gesehen, daß Männer von wichtigen Geschäften und großen Einsichten in tausend Verlegenheit kamen, etwas zu entscheiden, was sie nicht vorhero mit der Frau überlegen konnten. Diese nach und nach eingewurzelte Schwachheit ist gar nicht auszurotten. Hierbey leiden aber nicht nur die Männer, sondern auch das gemeine Wesen, und es ist gar nichts seltnes, daß der Minister oder die Magistratsperson nur der Mund ist, durch welchen seine Gattin dem Publiko ihre Befehle mittheilet. Daher verdient diejenige Gattin Ruhm, welche sich

nichts

nichts um die öffentlichen oder gelehrten Geschäfte des Mannes bekümmert. Und glücklich ist der Mann, welcher männlich genug denkt, eine solche Schwachheit seiner Gattin durch bescheidne Zurückhaltung im ersten Aufkeimen auszurotten. Denn sie möchte zwar wohl, wenn sie verschwiegen ist, das meiste wissen, aber es bleibt nur selten beym bloßen wissen. Sie fället mehrentheils auch Urtheile und thut Vorschläge, und wenn diese, weil sie die Sache im Ganzen nicht übersehn kann, nun nichts taugen, so fällt es dem Manne alsdenn entsetzlich schwer, ihre gefaßten Vorurtheile zu verdrängen, und sich für Mißtrauen zu schützen.

War es die Pflicht des Mannes, zu arbeiten, und den nöthigen Unterhalt zu erwerben, so ist es hingegen auch die unausbleibliche Schuldigkeit der Frau, die Oeconomie zu verwalten, und die wirthschaftliche Ausgaben also einzurichten, daß sie die Einnahme des Mannes nicht übersteigen. Leider giebt es so viele Hausmütter, welche vom Hauswesen entweder gar nichts verstehen, oder wohl gar aus Trägheit und Gemächlichkeit sich desselben nicht annehmen wollen. Man sieht mit Jammer so manche Wirthschaft zu Grunde gehen, welche die Frau durch Verschwendung oder durch Nachläßigkeit in dies Verderben brachte. Oft liegt freylich die Schuld mittelbar auch am Manne, welcher sich dergleichen Unarten nicht gefallen lassen sollte. Aber wer kann denn immer zanken, immer hofmeistern,

immer

immer um alle häusliche Angelegenheiten sich bekümmern. Der Mann hat mit seinen Staatsgeschäften, mit seinen gelehrten Arbeiten, mit seiner Handlung u. s. w. genug zu thun, als daß er sich stets ins Hauswesen mischen sollte. Er verläßt sich in diesem Falle, sobald er verheyrathet ist, ganz auf seine Gattin, und erwartet von ihr, daß sie, ihm zu Liebe und sich selbst zum besten, auf alle Erfordernisse ein wachsames Auge haben werde. Man verlangt bey der Verwaltung der Küche, des Kellers, des Gartens, der Zimmer, eben nicht ein unabläßiges Befehlen oder Fragen nach allen unwichtigen Kleinigkeiten, noch viel weniger eignes Handanlegen, besonders wenn Vermögen oder einträgliche Geschäfte den Mann in den Stand setzen, Bedienungen aus der höhern und geringern Klasse zu halten. Aber es erfordert doch alles eine strenge Uebersicht, eine gehörige Eintheilung, und eine kluge Anordnung. Auch muß die Sparsamkeit nicht zu weit getrieben werden, sobald es nicht dürftige Familienumstände unumgänglich verlangen. Denn die bis zum niedrigsten Geitz ausgeartete Wirthschaftlichkeit steht nicht nur der Frau sehr übel, sondern sie bringt auch dem Manne Schande, er müste denn auch solch ein elender Kniker seyn, den die Kargheit bereits um alles Gefühl von Ehre und Schande gebracht hätte. Ist es nicht schändlich, wenn die Hausfrau bey jeder Tasse Kaffee, die sie einem Gaste präsentiren läßt, das Maul mit
einem

einem tiefen Seufzer von einem Ohre zum andern
zerrt, und ihm Schwarzen unter den Tobak mischt,
damit er sich gern und willig mit einer Pfeiffe be-
gnügen lasse? Dennoch sind solche Beyspiele sehr
häufig, und man trift sie am öftersten bey Land-
pfarr-Frauen, oder bey adelichen Damen, die auf
dem Lande leben.

Es giebt noch mehrere Fehler, die der Oeconomie Nachtheil bringen, unter welchen das Putzgetändel der lieben Weiber nicht den letzten Platz verdienet. In diesem Falle ist es in unsern Zeiten
aufs höchste gestiegen. Der Strom des Kleider-
luxus reißt Männer häufig, aber das schöne Geschlecht durch eine allgemeine Ueberschwemmung allgewaltig mit sich fort, daß nichts als strenge Gesetze
des Landsherrn ihm vielleicht noch einigen Einhalt
thun könnten. Auch beherrscht er Frauenzimmer
aus dem Mittelstande noch mehr als die Großen.
Es ist einem jungen Manne von mittelmäßigen
Einkünften oder Vermögen beynahe nicht zu verdenken, wenn er sich nicht entschlüssen kann, eine
Frau zu nehmen. Ungerechnet, daß bey der Verschwendung in Kleidern und Galanterieen unermeß-
liche Summen Geldes aus den freyen Ländern in
die gesperrten wandern, so werden auch dadurch
viele tausend Menschen im Lande brodtlos. Hieraus entsteht nun ganz natürlich die Theurung der
Lebensmittel, welche bey dem ersten Winke durch
jüdische Auffaufer beschleuniget wird. Gesetzt aber

auch,

auch, daß man vor innländische Producte der Galanterie Sorge trage, so werden zwar große Summen im Lande erhalten werden, allein den Ruin einzelner Familien durch die Gewalt des Luxus, kann man denn doch nicht dadurch verhindern. Auch sind recht geschmackvolle Damen, (die eben so gesinnten Mannspersonen rechne ich zum Weibergeschlecht, denn sie sind eigentlich Weiber,) gar selten mit innländischen Waaren zufrieden, sondern sie suchen es lieber möglich zu machen, entweder den Landsherrn zu betriegen, oder den schweren Impost zu entrichten. Dieser Modenparoxismus ist um so viel lächerlicher, da aller jetziger Staat so windig und vergänglich ist, daß schon hieraus eine beständige Anschaffung neuer Kleidungsstücke nothwendig wird. Unsre Alten waren zwar der Pracht auch sehr ergeben, aber ihr Staat war dauerhafter, war eigentliche Pracht, und nicht solcher flotter Wind. Er hielt daher auch weit länger aus. Ein Stück seidnes Zeug, das vor 50 . 60 Jahren verfertigt wurde, ist beynahe unverwüstlich. Und sollten die aus feinem Golde und ächten Steinen zusammengesezten Schmucke nicht von reellern Werthe seyn, nicht unendlich länger dauern, als unsre Ohrgehänge, Schleiffen und Uhren, die aus böhmischen Steinen bestehn, und aus Golde, wo jeder Dukaten zwey Drittel Kupfer in sich nehmen muste, und welche dennoch nicht selten eben so theuer bezahlt werden, als ächtes Geschmeide? Hier redet der mürrische

M Alte,

Alte, hör' ich die Welt sagen. Aber das macht auf mich keinen Eindruck, indem ich den Weg der Wahrheit ungehindert fortlaufe.

Es ist noch eine Regel übrig, deren Beobachtung ich von großer Wichtigkeit zu seyn glaube. Sie ist die: daß sich Verheyrathete nicht zu tief in Gesellschaften verwickeln. Wo Mann und Frau täglich Besuche annehmen oder geben, da ist das Hauswesen stets in Unordnung, ja in Gefahr, ganz zu Grunde zu gehen. Diese Behauptung ist gewiß richtig. Sie wird von tausend und aber tausend Beyspielen bestätigt. Der Hang zu Gesellschaften und Lustbarkeiten wird in kurzer Zeit so unmäßig, daß man ihn gar nicht mehr überwältigen kann. Hierbey verliert man nicht nur die Zeit, sondern auch die Lust, sich um trockne oder wohl gar beschwerliche häusliche Angelegenheiten zu bekümmern. Dies ist aber noch nicht das größte Nachtheil, indem zuweilen durch redliche und fleißige Haushälter die Ordnung erhalten wird. Allein die Nothwendigkeit, Aufwand zu machen, in welche man sich durch große Geselligkeit versetzt sieht, hat mehr zu bedeuten. Man sieht diesen oder jenen prächtigen Aufputz, findet seltne Weine oder Speisen, erblickt an Personen von gleichem oder geringern Stande Kleider von großem Werthe; dies alles möchte man nachahmen, dies alles auch besitzen. Man will sich nicht gern schimpfen lassen, will niemanden einen Vorzug einräumen. — Kurz, eins sucht

sucht es dem andern vorzuthun, und die Verschwendung in Meublement, Kleidern, Gastmälern und hohen Spielen wird grenzenlos.

Der Edeldenkende sieht noch mehr schädliche Folgen der unersättlichen Gesellschaftlichkeit. Treuliebende Gatten werden dadurch zu sehr von einander entfernt, und werden ordentlich fremd gegen einander. Sie kommen bey beständigen Besuchen nie zu sich selbst, und können sich daher nie ganz aus der Fülle ihres Herzens einander mittheilen. Durch öftre vertrauliche Unterhaltungen würde ihre Liebe gewinnen, sie würde auf unerschütterliche Grundfesten gebaut werden. Sie würden gegenseitig ihr Herz bessern, sie würden einander unterrichten, würden gemeinschaftliche Rathschläge fassen, ihre Familie glücklich und ihr Leben zufrieden zu machen. Im Umgange mit wenigen Freunden würden sie sich seltner der Täuschung aussetzen, indem sie diese wenigen besser kennen lernten. Kurz: sie würden mehr sich selbst leben, ruhiger ihres Lebens genüssen, als im Gewühl von Scheinfreuden, als im täglichen Getümmel des Tanzsaales oder des Theaters.

O welch eine Seligkeit ist es, jede Stunde in süßer Selbstunterhaltung zu nützen, und in der Einsamkeit beschäftigt zu seyn, indes Tausende in der Gesellschaft einsam sind! Und diese Seligkeit gewähren brave Ehegatten einander so gern und so willig. Süßer ist dem Weisen nach Mühvollen

Geschäf-

Geschäften die Unterhaltung mit einer klugen und aufgeheiterten Gattin, erquickender ist ihm diese Erholung, als eine große Versammlung von alltäglichen Menschen, wo entweder ein Narr das Wort führt, oder wo Männer und Weiber von unwürdigen Kleinigkeiten Seelenlos durcheinander schnattern.

Fünftes Kapitel.
Untreue.

Kein Versprechen wird wohl so oft verletzt, als das Gelöbniß ehelicher Treue. Wenn ich nicht in den Verdacht käme, als wollte ich dem Verbrechen das Wort reden, so möcht' ich beynahe behaupten, daß es nicht immer und unter allerley Umständen möglich sey, eheliche Treue zu beobachten. Allein aus Besorgniß mißverstanden zu werden, will ich mich über diesen Gegenstand nicht weiter ausbreiten, und zur Rechtfertigung der jetztgesagten Worte nur so viel beyfügen, daß gleich im Anfange der Verbindung nur zu oft nicht mit inniger fester Ueberzeugung Treue gelobt wird; und daß ferner sowohl moralische als auch vorzüglich physicalische unvermuthete Veränderungen sich zutragen können, welche

den

den Gesinnungen eine andre Richtung geben. Dies letztre ist überhaupt ein sehr gewöhnliches Ereigniß in der ganzen lebenden Natur. Endlich so sind auch die Zusagen der Treue öfters mit Gewalt abgenöthigt, wie kann die Billigkeit Befolgung verlangen?

Doch, dies sey an seinen Ort gestellt, so lange man noch unvermeidlich mit einer Menge Leser zu thun hat, welche nur die Oberfläche eines Gedankens fassen. Ich werde mich gegenwärtig bemühen, das Laster der Untreue in seiner ganzen häßlichen Gestalt darzustellen, und die Pflicht der Unveränderlichkeit mit den Farben der Schönheit, die ihr würklich zukommen, unpartheyisch zu schildern.

Der erste und fast jedem Menschen bekannte Bewegungsgrund zur ehelichen Treue ist kein andrer, als jener große und allgemeine Sittenspruch der ältern und neuern Weltweisen: Was du nicht willst, das dir die Leute thun sollen, das thue du ihnen auch nicht. Ich will nicht, daß meine Frau mit andern Männern einen unerlaubten Umgang führe, also wird auch sie solche Ausschweifungen von mir nicht dulden wollen, und mein Gewissen wird mir gewiß bey jedem treubrüchigen Schritte zuflüstern, daß ich nicht recht handle. Sobald also meine Frau im strengsten Verstande nur mich allein liebt, so bin auch ich ihr die strengste Treue schuldig. Ob aber in dem Falle, wenn der eine Theil treubrüchig wird, und also das Gelübde aufhebt, der andre Theil auch ein Verbrechen begehe, wenn er sich eben

dieser

dieser Freyheit anmaßt, dies will ich nicht entscheiden. Die Antwort liegt zwar plan am Tage, indem ja die Obrigkeit bey jeder Erweisung der Untreue die Ehescheidung vornimmt. Aber leider kann man sie nicht immer auf die feyerliche und weitläuftige Art erweisen, wie es die Gesetze vorschreiben, und sie kann demohngeachtet doch würklich wahr seyn. Auch hat nicht selten die Unschuld in diesem Falle partheyische Richter.

Der zweyte Bewegungsgrund zur ehelichen Treue ist der Lohn, welcher von selbst darauf folget, nehmlich gegenseitige Treue, und alles was aus ihr herfließt. Die tägliche Erfahrung lehret, daß eine Gefälligkeit die andre auffordert, und daß ein tugendhafter Mensch den andern durch sein Beyspiel zur Tugend ermuntert. Wie rührend ist es nicht für den Gatten, wenn er die Gattin mit dem lebhaftesten Feuer der Zärtlichkeit um sich her beschäftigt siehet, wie er ihr einziges Augenmerk ist, wie sie kein andres Glück kennet, als seine Zufriedenheit; wie sie sich nach ihm bildet, und alle andre Männergesellschaften mit einer Art von Schüchternheit fliehet, wo er nicht dabey ist! Wird er sie nicht, beym täglichen Anblick dieser Beweise von Treue, mit jedem Tage mehr lieben, wird nicht seine Treue dadurch immer mehr befestigt werden? So wird auch die Gattin immer fester an den Gatten gekettet werden, wenn sie siehet, wie er für sie sorgt, ihr tausend Vergnügungen zu verschaffen sucht, ihr alles,

was

was ihm werth ist, anvertraut, und in Gesellschaften andrer Frauenzimmer zwar, seinem angebohrnen Muthe nach, nicht schüchtern ist, aber sie doch nicht gern ohne seine treue Begleiterin besucht, und dann, wenn sie ihn begleitet, sie mit dem öffentlichen Bekenntniß, daß sie das Weib sey, welches er weit höher als alle andre schätze, in der Gesellschaft aufführt. Folgt dieser Lohn auch nicht immer auf edle Treue, so ist schon das Bewußtseyn andrer, die sie kennen, und auch die Ueberzeugung unsers eignen Gewissens von unschätzbaren belohnenden Werthe.

Wie wird es drittens um unser Hauswesen aussehen, wenn wir einander nicht treu sind? Es wird wahrscheinlich zu Grunde gehen. Denn es fehlt die Aufmunterung zur Thätigkeit, der Antrieb zur Vorsorge. Verdruß und Mißtrauen machen uns jede Beschäftigung, welche zur Unterstützung des Hauswesens nöthig ist, verhaßt. Der beleidigte Theil sucht Zerstreuung und geräth dadurch in Müßiggang, Spielsucht und eine Menge ähnlicher Unarten. Dabey wird die Oeconomie verabsäumt, die Kinder werden schlecht erzogen, und der Staat sieht schädliche Beyspiele.

Der wichtigste Bewegungsgrund zur ehelichen Treue ist endlich das Gesetz, welches uns Religion, Kirche und Obrigkeit aufleget. Es ist keine Kleinigkeit, Gelübde zu brechen, die unter der Erlaubniß der Obrigkeit, den Segnungen der Priester und dem Zeugniſſe der Gottheit gelobt wurden, die wir noch dazu öffentlich ablegten, öffentlich als ein Glück für uns anerkannten. Daher ahndet auch die Obrigkeit den Meineyd ſolcher Gelöbniſſe, und es iſt mit dieſen Gelübden nicht, wie etwa mit andern Gelübden, welche wir ſelbſt nach Willkühr wieder aufheben können; wofern wir anders nicht zureichende Gründe dazu haben.

Dennoch, ich ſag' es noch einmal, dennoch wird kein Gelübde ſo oft gebrochen, als das eheliche. Schaudern und Entſetzen würde manchen Jüngling, manches Mädchen aus einer eingezognen Gegend ankommen, wenn ſie die Ausſchweifungen großer Städte in dieſem Falle ſehn ſollten. Doch, es giebt heut zu Tage auch kleine Städte genug, welche, wiewohl heimlicher, der Untreue unzählige Opfer bringen. Ich will, um Unerfahrne nicht Dinge zu lehren, die ſie lieber gar nicht erſt kennen möchten, mich nicht auf einzelne Beweiſe dieſes Gegenſtandes einlaſſen. Der Grund davon liegt nicht ſelten in der Erziehung, noch öfter im Beyſpiel eines überhaupt leichtſinnigen Zeitalters, am öfterſten aber in der unermeßlichen Reitzbarkeit unſrer Nerven, welche ohne ſtrengen Zaun und Gebiß, ohne Beſiegung der erſten Lockung, ohne Religion und Klugheit ſich ſelten bändigen laſſen.

Die Verführung ſpielt hierbey eine wichtige Rolle, wie ich hiervon ſchon im erſten Theile, von der Liebe, mit mehrern geredet habe. Es iſt eine

aneronerkannte Wahrheit, daß die Weiber mehr der Verführung ausgesetzt sind, als die Männer, und daher auch öftrer untreu werden. Allein es gab von den ältesten Zeiten her auch eine Menge solcher unersättlichen Weiber, welche selbst verführten, und so manchen braven Jüngling ins Verderben stürzten, welcher ohne ihre mächtige Lockungen den Weg der Tugend und Weißheit gewandelt wäre. Das alte Rom giebt uns hiervon einen untrüglichen Beweiß, und auch jezt wird ihm von einigen Königinnen der Städte hierinnen nachgeahmt.

Eh' ich dies Kapitel schlüsse, muß ich noch die auf Vernunft gegründete Behauptung äusern, daß der, der einmal fiel, nicht immer wieder fallen, und es kein wahres Sprichwort sey, daß man nothwendig aus einem Verbrechen ins andre sinken müsse. Man stürzt nicht allemal von einer Stufe zur andern die ganze Treppe hinab. Man kann sich auch auf den ersten Stufen erhalten, kann wieder aufrecht stehen. Und die einmal gefallne Tugend ist zuweilen mehr auf ihrer Huth, als die, die auf Sicherheit trotzt. Es gehört zu den Pflichten der Menschlichkeit, zurückkehrenden Verbrechern auf immer, ohne künftige Vorwürfe, zu vergeben, und bey fortfahrenden eine lange Zeit auf Besserung zu hoffen, ehe wir sie verstoßen. Mehr als einmal sah ich Männer und Weiber vom Pfade der Tugend sich verirren, die in kurzer Zeit von sich selbst zurückkehrten, und dann braver als jemals waren. Aber

freylich

freylich gehören solche Beyspiele unter die seltnen, und es ist heilige Pflicht, sich für dem ersten Falle zu hüten!

Sechstes Kapitel.
Eyfersucht.

Wir stehn an der Thüre einer graunvollen Wohnung, an der Höhle des schrecklichsten Ungeheuers, welches feindseliger als alle andre in Hymens Gefilden wütet. Es ist um so viel schrecklicher, je gewisser es von einer edeln Mutter abstammt. Denn ist nicht die feurigste Liebe die Gebährerin der Eyfersucht? Anfangs ist sie auch die gewünschte Göttin, welche die Liebe reitzender macht, welche Treue beweißt und zur Zärtlichkeit auffordert. Aber weil sie eine junge Unbändige ist, die sich keinen Zügel anlegen läßt, und grenzenlos ihren Weg erweitert, so geht sie sehr bald zum Verdruß, dann zur Spitzfindigkeit und endlich zur Wuth über. Gewiß, die Eyfersucht macht tausend Ehen unglücklich. Und das Schlimmste ist, daß sie ganz natürlich allemal die schönsten dem Genuß geweihten Jahre, die Jahre der Jugend, begleitet.

Die Eyfersucht kann, im eigentlichen und guten Verstande, ohne wahre und feurige Liebe gar nicht

nicht statt finden. Denn die Eyfersucht gewisser Eheleute, welche auf eigennützigen oder hochmüthigen Gründen beruhet, ist nicht eine Tochter der Liebe, ohngeachtet sie sich auch unter diese Larve verbirgt. Nach allen Grundsätzen der Vernunft sollte also Eyfersucht nur allemal dann erfolgen, wenn würkliche Untreue vorausgegangen, und vom unzufriednen Theile entweder selbst bemerkt, oder in sichre Erfahrung gebracht worden. Daß diese Eyfersucht gerecht sey, daß es sogar, wenn sie hierauf nicht erfolgt, um das eheliche Feuer der Liebe mißlich aussieht, wird niemand leugnen. Wer lacht denn nicht über einen jungen Mann, welcher sichs zur Ehre rechnet, seine Frau in seiner Abwesenheit, oder auch wohl gar in seiner Gegenwart, von andern jungen Herren vertraulich unterhalten zu wissen? Ich halte mich also hierbey weiter nicht auf, sondern wende mich sogleich zu derjenigen Eyfersucht, welche ungerecht ist, und in sofern sie fast immer gerecht zu seyn scheint, die größte Aufmerksamkeit des unzufriednen Theiles auf sich selbst verdienet.

Mann und Frau können sich eine lange Zeit, ohne Eyfersucht, treu lieben, können einander auch anhaltend fort treu lieben, und doch kann sich irgend ein Verdacht zwischen ihnen entspinnen. Ich sage kann, nicht als ob ichs für vernünftig hielte, sondern weil es die tägliche Erfahrung lehret. Der Grund hiervon liegt vorzüglich in den verschiednen

Verhält=

Verhältnissen, in welche man im menschlichen Leben versetzt wird. Eben daher haben öfter die Weiber ihre Männer in unnöthigem Verdacht, als die Männer die Weiber, weil die Männer in ihren Geschäften oder Aemtern den Umgang mit allerley Frauenzimmern nicht immer vermeiden können. Die Männer haben seltner Gelegenheit, ihr Herz von der Eyfersucht einnehmen zu lassen. Finden sie aber Ursache dazu, so ist sie, was auszunehmen ist, ausgenommen, mehrentheils gründlicher, als jene, indem die Weiber weder Amt noch Beruf haben, mit andern Männern in einigen Verhältnissen zu stehen. Sie sind dem Manne mehr Eingezogenheit schuldig, als der Mann ihnen, indem sie nur dem Manne und seiner Oeconomie gehören, da hingegen der Mann gleichwichtige Pflichten gegen sie und gegen das gemeine Wesen zu beobachten hat. Ich sehe mich gezwungen, zu erklären, daß ich unter Eingezogenheit hier alle Entfernung von öftern Umgange mit dem andern Geschlecht verstehe, welche der Frau fast immer, dem Manne hingegen, aus eben genannten Gründen, nicht immer möglich ist; damit nicht superficielle Leser auf die Gedanken kommen möchten, als wollte ich so partheyisch seyn, von den Weibern ein strenges Nonnenleben zu verlangen, und den Männern ein Schwelgerleben zu erlauben. Daß inzwischen auch die Männer manchmal zu weit gehn, und in jeder unschuldigen Handlung Stoff zur Eyfersucht finden, werd' ich niemals widersprechen.

Ohnge-

Ohngeachtet also die Eyfersucht aus der feurigsten Liebe herfließt, so kann sie doch Vergehen werden, sobald sie keine zureichende Gründe vor sich hat. Noch mehr, sie wird ein tödtendes Gift der Liebe und der Eintracht, raubt Gesundheit und Geisteskräfte, ja sie hat wohl mehrmals der Unschuld ein frühes Grab bereitet. Wie muß es nicht das Herz eines braven Mannes foltern, wenn er seine Frau redlich liebt, redlich von ihr geliebt wird, und sie doch in jeder seiner Handlungen Untreue sehn will, die sie dann entweder mit Spitzfindigkeit oder mit Seufzern rüget! Ich setze den Fall, daß er ein Arzt sey, wird er nicht sehr oft in die Nothwendigkeit versetzt werden, der Vertraute eines andern Frauenzimmers, noch dazu in sehr geheimen Angelegenheiten zu seyn? Ja wird es nicht sehr oft seine Pflicht seyn, die ihm von andern Frauenzimmern als ihrem Arzte gemachten Entdeckungen allen Menschen, sogar seiner Gattin zu verschweigen? Wenn nun diese darüber empfindlich wird, ihm es zur Last legt, wenn sie wohl gar über jedes Wort, das er mit einem andern Frauenzimmer spricht, unruhig wird, mit kummervollen Mienen herumgeht; und ihn mit höhnischen Worten behandelt — ist das nicht eine höllische Folter für den redlichen Gatten? Er verliert nicht nur die Freuden der Ehe, sondern seine Geschäfte werden ihm dadurch äuserst zur Last, und er wird schüchtern, verdrüßlich in denselben. Und muß er nicht endlich in Verzweiflung stung gerathen, weil er einsieht, daß er die Beobachtung seiner Pflichten niemals mit dem Unsinn seiner Frau wird verbinden können? —— So giebt es noch mancherley Geschäfte der Männer, in welchen sie zuweilen den genauern Umgang mit andern Frauen und Mädchen nicht vermeiden können, und welche alle anzuführen theils überflüßig, theils für die engen Grenzen meines Buchs zu weitläuftig werden möchte.

Aber nicht allein der Umgang mit dem andern Geschlecht in Geschäften, sondern auch der im gemeinen Leben giebt oft zu der lächerlichsten Eyfersucht Anlaß. Und hier ist der Fall, wo auch die Weiber nicht selten ungegründeten Verdacht von ihren Männern erdulden müssen. Wenn es aber schon so weit gekommen ist, so hat die Eyfersucht den höchsten Gipfel erreicht; denn nunmehr ist sie im Begriff, alle Pflichten gegen den geselligen Umgang unter ihre Füße zu treten. Es ist doch gewiß Pflicht, in gesellschaftlichem Leben die möglichste Höflichkeit und Artigkeit zu beobachten. Ich bin verbunden, mich mit dem zu unterhalten, der in einem engern Zirkel mit mir ist. Und gesetzt auch, daß sich je zuweilen jemand vom andern Geschlecht etwas zu verbindlich gegen mich beträgt, kann ich davor? verdien' ich darüber angefeindet zu werden? Und ist man allemal gewiß versichert, daß es von jener Seite so übel gemeint war? Man kann auch nicht allemal wider den Strom, nicht immer mit der Thüre ins Haus fallen,

fallen, und öffentliche Verweise geben. Man muß oft aus Klugheit nur nach und nach seine bessere Gesinnung an den Tag legen. Besonders haben diejenigen, welche von der guten Meinung des Publikums gegen sie leben müssen, hohe Ursache, sich alle ihre Mitbürger und Mitbürgerinnen so geneigt als möglich zu machen, so lange es nehmlich ohne Verletzung eines guten Characters geschehn kann. Sie müssen gesellig und umgänglich seyn, auch oft einen Umgang vertragen, welcher ihnen nicht sehr angenehm ist. Denn der trübselige Kopf, welcher das Licht scheut und sich von allem Umgange entzieht, oder in Gesellschaften mit keinem Menschen spricht, der wird nicht gesucht. Man hält ihn für dumm oder für hochmüthig. Denn solche Philosophen mögen wir heut zu Tage nicht mehr haben, die ihre Weißheit durch stumm seyn an den Tag legen. Eben so unartig steht es einer Frau, wenn sie sich in Gesellschaften schnüppisch beträgt, wenn sie Pantomime spielt, und nur selten ein einfältiges Ja oder Nein von sich hören läßt! — Dennoch giebt es so viel solche Starrköpfchen, die in jeder freundlichen Miene, welche die Geselligkeit erfordert, Untreue lesen, die den Beweiß der Gegenliebe schlechterdings in einer Schüchternheit gegen andre suchen, und in einer Aengstlichkeit, daß man ja niemals mit dem andern Geschlecht, sondern immer nur mit seines gleichen spreche. Zu geschweigen, daß diese Thorheiten, welche unsre Nebenmenschen

menschen sehr geschwind gewahr werden, äuserst lächerlich sind, so bringen sie auch großen Schaden, denn der beschuldigte Theil wird ängstlich, schüchtern, wiegt Worte und Handlungen allzu genau, und wird dadurch ein elender Gesellschafter, den niemand gern sieht. Noch mehr: es entstehen aus diesem heimlichen Mißtrauen auch für die Gesundheit sehr nachtheilige Folgen. Denn wenn der Verkannte nun mit der größten Aengstlichkeit sich alle ersinnliche Mühe giebt, jeden Verdacht zu vermeiden, und dennoch nichts ausrichtet, wenn man fortfährt, ihn mit Verdacht und Mißtrauen zu quälen, so kanns nicht fehlen, er kränkt sich heimlich, und der stille Gram verzehret sein Leben. Glaubt mir, meine Freunde, durch das häßliche Gift der Eyfersucht ist schon so mancher aus der Welt gegangen. Heimlicher, anhaltender und schuldloser Kummer ist der Gesundheit weit nachtheiliger, als alle andre diätetische Fehler. Was hilft es, wenn der Beleidiger sich dann beym Grabe des Beleidigten die Haare ausraufen will, wenn er ausschreyt, daß er die Ursach seines Todes sey? Der Mord ist vollbracht. Der Entseelte bleibt leblos. Aber auf seiner Stirne, auf seinen Wangen thront noch die Unschuld, die noch einmal ihn rechtfertigt, eh' das Grab ihn verschließt!

Gesetzt aber auch, daß nicht Krankheit und Tod aus dem Kummer über ungerechte Eyfersucht erfolgte, so entsteht doch gemeiniglich ein andrer

Nach-

Nachtheil daraus, welcher ebenfalls den Beleidiger zureichend bestraft. Nehmlich, der unschuldig beleidigte Theil zieht sich nach und nach vom beleidigenden ab. Diese Folge ist der Natur angemessen. Denn es fehlt nicht nur jene liebreiche Einladung zur Zärtlichkeit, sondern sie wird sogar gestört, gekränkt, erstickt. Wie kann man immer gleich stark lieben, wenn man vom geliebten Gegenstande unaufhörlich gefoltert, unschuldig angeklagt und zu niedrigen Handlungen fähig geglaubt wird? Es entsteht also Kälte, und aus dieser hinwiederum eine Menge andrer Nachtheile, als Verabsäumung des Hauswesens, schlechte Kinderzucht, Verkleinerungen und üble Nachrede von andern, Mangel u. s. w.

O welch ein Schlangenzüngigtes Ungeheur bist du, grausame Eyfersucht, die du deine Waffen aus der Hölle borgtest! Tausend schwächliche Kinder schreyn über dich, die durch dich vom ersten Augenblick ihrer Entstehung an siech wurden. Dir fluchen tausend vom Grame verzehrte Männer und Weiber, welche dich in ihrem Busen nährten. Du überwältigtest sie, daß sie die Herrschaft über sich selbst verloren, daß sie unaufhaltsam, nicht ihre Feinde, nein! ihre Lieblinge quälten, daß sie endlich sich selbst auf die grausamste Folter spannten, und auf einem Meere Unruhvoller Qualen umher getrieben wurden! Denn der, welcher der Untreue beschuldigt, ist eben so unglücklich, als der Beschuldigte. Er leidet durch Einbildung, dieser durch

N Vor-

Vorwurf. Auch reißt die wütende Eyfersucht, gleich einem Strome, unaufhaltsam alles mit sich fort. Sie achtet keine Gegenvorstellungen, keine Bitten, keine Entschuldigungen. Sie wird schneller im Lauf, mächtiger in der Dauer. Weil sie immer glaubt, sie sey gerecht, so will sie sich auch stets rechtfertigen, sucht stets mit brennenden Blicken Nahrung, und findet sie auch, weil sie nach und nach immer unwichtigere Kleinigkeiten zum Verbrechen macht, ja endlich selbst die in die Augen strahlende Unschuld vergiftet. In ihren Augen ist nichts mehr schuldlos, alles verdächtig, alles Betrug. Sie sieht sich nur verachtet, und andre erhoben, sieht in jedem Blicke gegen andre Zärtlichkeit, Gleichgültigkeit gegen sich, hört in jedem Worte gegen andre Schmeicheley und gefälligen Zauber!

O Himmel, welche grauvolle Bilder! Betrachtet sie, unglückliche Sklaven der Eyfersucht! Seht euch, Elende, fühlt eure Niedrigkeit und kehret zurück! Erkennt euern Irrthum, und besieget den Tyrannen eures Herzens, der euch zu Sklaven gemacht, und alle eure Empfindungen in seiner Gewalt hat! Sehet nicht immer nur zweydeutige und verdächtige Handlungen an euern Gatten. Vielmehr suchet überall edle Bewegungsgründe auf, die ihn so und nicht anders zu handeln vermochten. Ein unbegrenztes Zutrauen muß zwischen euch stattfinden. Auch dann, wenn ihr Handlungen seht, die dem ersten Anscheine nach würklich verdächtig scheinen,

nen, so verdammet nicht gleich ohne Prüfung. Oft werdet ihr finden, daß feindselige Ränke oder übereiltes Urtheil euch täuschten. Und auch dann noch, wenn eure Untersuchung euch nicht Irrthum, sondern Wahrheit lehret, auch dann noch legt das Vergehen in die Waagschaal mit Bosheit und Uebereilung. Vielleicht ist es noch Zeit, den Verirrten, die Verirrte, auf den Pfad der Tugend und der Treue zurück zu leiten. Erhaben ists, dem Beleidiger verzeihen, himmlisch, ihn lieben. Die Religion giebt uns diese sanfte Regel nicht umsonst. Ihre Beobachtung ist für uns selbst von großem Nutzen. Denn jedes kleine Vergehen mit unversöhnlichem Zorne zu bestrafen, bringt uns selbst noch mehr um unsre Ruhe, macht uns zu Rachsüchtigen und beraubt uns der himmlischen Augenblicke der Wiederversöhnung. Nur dann, wenn Bosheit bey der Untreue zum Grunde liegt, oder auch dann, wenn sie eine Folge des nie zu bessernden, nie in sich gehenden Leichtsinns ist, nur dann solltet ihr eure Herzen völlig von den Treulosen abziehen. Denn einen Undankbaren, einen Unverbesserlichen mit anhaltender Treue lieben, und ihm ewige Duldsamkeit erweisen, dies wird keine christliche Moral von euch verlangen.

Sanft und gesellig fließe das Leben sich treu liebender Gatten in der Ewigkeit Schooß! Eins begegne dem andern mit Liebe, und selbst Liebe sey die Strafe der zwischen Verbundnen vorgefallenen

Schwachheiten. Niemals prüfe man zu ängstlich des Gatten Handlungen, denn von Natur ist unser Herz mißtrauisch und findet bey zu vielem Nachgrübeln, aus Verstandesschwäche, oft Fehler, wo würklich keine sind. Wodurch verdient Redlichkeit eine unaufhörliche mißtrauische Prüfung seiner Handlungen. Vielmehr verdient sie den Lohn des unumschränkten Zutrauens, auch selbst dann, wenn der äusere Schein wider sie ist. Bey der zu strengen Abwägung jedes Blickes, jedes Wortes, glauben wir dann oft äusern Schein der Untreue zu finden, wo auch sogar dieser nicht ist. Und selten belehren wir uns eines bessern, weil wir aus Eigendünkel uns so sehr ungern geirrt haben wollen, und also lieber die Unschuld fortfahren zu kränken, als unsre Uebereilung bekennen. — Fern sey von den Freuden der Ehe jene Megäre, die Eyfersucht, die mit ihrem ersten Blicke unheilbar vergiftet! Ohne sie ist überall Eintracht und Stille, aber mit ihr überall Zwietracht, ja Vorschmack der Hölle.

Von derjenigen Eyfersucht, welche zwischen einem sich liebenden noch unverheyratheten Paare je zuweilen vorkommt, glaube ich nicht insbesondre handeln zu dürfen. Denn so lange sie sich nur lieben, ohne einander unverbrüchliche Treue und Standhaftigkeit zugesaget zu haben, so lange sind sie Beyde noch frey, so lange findet mithin zwischen ihnen keine Untreue statt, und so lange haben sie also auch gar kein Recht zur gegenseitigen Eyfersucht. Lassen

sie

sie sich dieselbe aber dennoch beherrschen, so ist sie
fruchtlos, und keine Gesetze, weder der Obrigkeit
noch der Moral, können sie rechtfertigen; wiewohl
ich nicht widersprechen will, daß sie demohngeachtet
manchmal die Untersuchung der Billigkeit verdient,
um die Gründe zu finden, welche sie nicht selten zu
ihrer Entschuldigung aufweisen kann. — Stehn
aber die liebenden Unverehelichten schon in dem
Verhältniß gegen einander, daß sie sich gegenseitige
Treue gelobt, mithin einander alle und jede An=
sprüche auf Unveränderlichkeit in der Wahl der Lie=
be eingeräumt haben, so gehören sie, meines Erach=
tens, unter die Zahl der Vermählten, und wir dür=
fen daher kein Bedenken tragen, ihnen alle die
Pflichten ans Herz zu legen, welche Vermählte zu
beobachten verbunden sind.

Noch fällt es mir ein, daß so häufig Eheleute
einander mit Eyfersucht verfolgen, welche doch in
der ehelichen Treue selbst ausschweiffen. Ich kann
mich nicht enthalten, über dieses Ereigniß herzlich
zu lachen. Jedoch möcht' ich auch zugleich unver=
söhnlich zürnen mit jenen Unbarmherzigen, welche
den unschuldigen Theil durch Mißtrauen kränken,
und doch selbst kein gutes Gewissen haben. Keine
Strafe ist für diese hart genug. Ich wag' es nicht
ihr Urtheil zu sprechen. Es sey einsichtsvollern
Richtern überlassen.

Siebentes Kapitel.
Schwangerschaften.

Nachdem wir einige moralische Pflichten der Ehegatten erwogen haben, so wird es nicht minder der Mühe werth seyn, unsre Aufmerksamkeit auf einige geschichtliche Eigenheiten des ehelichen Standes zu richten, und sie theils nach ihrer tadelhaften und tadelfreyen Beschaffenheit zu betrachten, theils die bey ihrer Gegenwart zu beobachtenden Pflichten aufzusuchen.

Das gewöhnlichste physicalische Ereigniß in der Ehe ist ohnstreitig die Schwangerschaft. Sie ist das wichtigste unter allen, und dasjenige, welches alle Stände miteinander gemein haben. Ihre Entstehung beruht auf physicalischen Geheimnissen, deren Enthüllung unserm eingeschränkten Auge wohl nie gewährt werden wird, was auch die scharfsichtigsten Physiologen immer erfunden und beobachtet zu haben glauben. Die gegenseitige Würkung der Vermischung sowohl, als die Art der Entstehung des lebendigen Geschöpfes ist noch bey weitem nicht so deutlich erklärt, als die sich schmeicheln, die alles einzusehn glauben, und allen ihre Meynung mit einem gewissen Stolze auf ihre anerkannte Untrüglichkeit aufdringen. Dem Denker werden in diesem

sem Falle immer noch tausend Zweifel übrig bleiben. Warum erfolgt oft da keine Schwangerschaft, wo Ehegatten mit dem stärksten Feuer der Zärtlichkeit lieben, und Kräfte der Jugend die Fülle besitzen? Und warum kommen oft Weiber, die mit ihren Männern in ewigen Zwietracht, Haß und Unleidlichkeit leben, aller 3 Vierteljahr ins Kindbette? Warum zeugen manche Mütter eitel Knaben, andre eitel Mädchen? Warum sieht das Kind oft dem Vater so aufs Haar ähnlich, warum hat es so viel von seinen Eigenschaften und Fähigkeiten, da wir doch in unsern Tagen vor unwidersprechlich annehmen, daß der Urstoff in der Mutter verborgen liege? Warum würken die Einbildungen und Aeußerungen der Mütter so viel auf die Bildung der Kinder, wenn sie auch schon in ihrem besten Wachsthum begriffen sind; Warum verursachen sie so oft unregelmäßige Gestalten? — Dies alles sind undurchdringliche Geheimnisse der Natur und physicalische Gesetze, die wahrscheinlich ihre bestimmten Regeln haben, ob wir schon alle diese Dinge, um unsre, uns eigentlich ja doch nicht beschämende, Unwissenheit hierinnen nicht bekennen zu dürfen, Spiele und Abweichungen der Natur nennen. Je weniger Zuverläßiges uns aber von der Geschichte der Erzeugung bekannt ist, desto weniger sind wir im Stande, ihren Mängeln abzuhelfen und ihre Vollkommenheiten zu erhöhen, das heißt, wir können in diesem Falle keine Pflichten festsetzen, deren

Beobachtung von unsrer Seite erforderlich wäre, außer den allgemeinen physicalischen, nehmlich daß wir unsern Körper nicht entnerven, schwächen und austrocknen sollen, um uns zur Hervorbringung uns ähnlicher Geschöpfe nicht untüchtig zu machen, oder Schwächlinge zu zeugen. All das Uebrige hänget nicht von uns ab. Wir gehorchen dem thierischen Triebe, und erwarten von der Natur die geheimnißvolle Entwicklung seiner Folgen.

Aber genauer ist die menschliche Kenntniß von dem Wachsthum des neuen Menschen unterrichtet. Sie kann daher auch gewisse Regeln festsetzen, vermöge deren Beobachtung er nicht nur für allen Hindernissen in seiner Vervollkommung geschützt, sondern dieselbe auch aufs beste befördert werde. Diese Regeln werden aus der Theorie und aus der Erfahrung hergeleitet. Sie machen einen sehr wichtigen Theil der Diät aus, und dennoch sind sie es, welche, leider! am meisten vernachläßiget werden. Man geht warrlich mit der Frucht in Mutterleibe oft zu nachläßig um. Aber es ist im Gegentheil auch gewiß, daß man die Schwangern bisweilen zusehr verzärtelt. Diese allgemeinen Fehler haben mich bewogen, den Pflichten, die jedem Ehepaar bey der Schwangerschaft obliegen, ein eignes Kapitel zu weihen. Man fürchte nicht, daß ich allzu medicinisch, mithin für allerley Leser unverständlich reden werde. Ich werde mich bemühen, sowohl einige bey dieser Sache allgemein eingerissene Fehler

und

und Irrthümer zu rügen, als auch bessere Belehrung derselben, nicht minder verschiedne diätetische Regeln der Schwangern in allgemein faßlichen Ausdrücken vorzutragen. Werfet nicht unwillig das Buch hin, und saget: dies gehört für den Arzt, was gehet es uns an? Nein, nein! mit Aerzten rede ich nicht, denn diesen ist alles bekannt, was ich hier sage. Es gehört für die, die es noch nicht wissen und doch als allgemeine Lebensregeln wissen sollten. Wahrheiten und Regeln aus der Diät können nicht oft genug geprediget werden. Und mir deucht es würksamer zu seyn, wenn man sie ganz unerwartet neben andern Unterhaltungen vorträgt, als in einem systematischen Buche, welches von Nichtärzten entweder gar nicht gelesen, oder wegen seiner kunstmäßigen Eintheilungen nicht von ihnen verstanden wird.

Die Pflichten einer Mutter während ihrer Schwangerschaft sind zwiefach. Einmal müssen sie auf ihre eigne Erhaltung und zweytens auf das Wohl ihres Kindes gerichtet seyn. Da sie aber, ohngeachtet ihres zwiefachen Entzwecks, dennoch in der innigsten Verbindung miteinander stehen, so ist es nicht nöthig, von jeder absonderlich zu handeln.

Die Wahl der Speisen und Getränke sowohl, als die Quantität derselben, ist in der Schwangerschaft unter den diätetischen Regeln eine der ersten. Durch die in diesem Falle begangnen Fehler wird eine zahllose Menge Krankheiten, schwere Geburten und traurige Folgen nach der Niederkunft veranlaßt. Der Arzt sage, was er wolle, man hört ihn, und glaubt ihm nicht, und folgt seinen eignen Begierden. Aber dumme abergläubische Regeln, die sich aus den Zeiten der Blindheit von Großmutter zu Großmutter fortgepflanzt haben, werden mit Enthusiasmus, mit einem grenzenlosen Vertrauen auf ihre Untrüglichkeit, willig beobachtet. Ich finde es nicht dienlich, einige davon zu nennen, indem sie grössentheils mit dem Schmutze verwandt sind. Hebammen und erfahrne Mütter können in diesem Falle bessere Auskunft geben.

Es verräth keinen geringen Grad von Einfalt, wenn man einer Schwangern die Eingeweide mit erstaunenden Portionen Speise anfüllt, unter dem Vorwande, sie musse ja für zwey Personen essen. Die Eingeweide können selbst im gesündesten Zustande nicht mehr Nahrungssaft bereiten, als ihre organische Kräfte erlauben. Sobald wir das gehörige Maaß von Speise überschreiten, und sie überladen, so empfinden wir Beschwerden, welche gemeiniglich nicht eher als durch Erhitzungen, oder durch verkehrte Würkung der Fibern, das heißt, mit Durchfällen oder Erbrechen sich endigen. Wie viel leichter werden aber nicht die Eingeweide einer Schwangern beym Uebermaaß der Speisen diesen Folgen ausgesetzt seyn, da sie von der ausgedehnten und schweren Gebährmutter gepreßt, ja aus ihrer gewöhnlichen Lage getrieben werden. Da nun aber

aller-

allerdings die Mutter in den spätern Monathen der Schwangerschaft, wegen des schnellern Wachsthumes der Frucht, mehreres Nahrungssaftes bedarf, als in den erstern, wo noch der kleinste Theil von Pulsaderblute zur Frucht übergehet, so kann sie sich zwar mehrerer Nahrung bedienen, als gewöhnlich, aber sie muß ganz kleine Portionen auf einmal eßen, und lieber zehn kleine Mahlzeiten verrichten, als eine einzige große. Auf diese Art wird ihre Verdauung in beständiger Ordnung erhalten, und die Eingeweide werden für zu heftiger Zusammendrückung gesichert, ohne die den Milchsaft und das Blut bereitenden Organen zu überladen. Ueberdieses darf man auch nicht glauben, daß der öftre und anhaltende Hunger der Schwangern allemal von der zu nährenden Frucht herrühret. Es sammeln sich während der Schwangerschaft, durch den Druck der Gebährmutter auf die Eingeweide, in denselben verschiedne saure und reitzende Unreinigkeiten, welche die Nerven der Speisecanäle beständig reitzen und dadurch einen stetswährenden Hunger verursachen. Diese laßen sich durch gelinde Abführungsmittel selten wegschaffen, und starke darf man hier nicht anwenden. Man muß sich also diese Beschwerde gefallen laßen, bis nach der Niederkunft, wo die Natur diese Cruditäten nicht selten von selbst abführet, oder doch kleinen Hülfsmitteln Preiß giebt. Die Wahl der Speisen dürfte, vorausgesetzt, daß man die Gesetze der geringer Quantität beobachtete,

vielleicht

vielleicht so pünktlich nicht seyn; jedoch müssen gewisse Speisen gänzlich vermieden werden, welche aber, weil sie theils zu weitläuftig, theils zu verschieden in ihrer Würkung sind, nur von dem Arzte, oder von der relativen Erfahrung bestimmt werden müssen.

In der Diät des Getränkes fehlt man auf eine entgegengesetzte Art. Man trinkt gemeiniglich zu wenig. Schwangre sollten fleißig trinken. Sie werden dadurch der Verdickung und Stockung des Blutes vorbeugen, welche beyderseits in diesem Zeitpuncte so gewöhnlich sind. Ihr Getränk muß daher verdünnend seyn. Zu diesem Behuf ist das bloße Wasser am besten. Auch das Bier ist unschädlich, ja in einiger Hinsicht sehr nützlich. Besonders muß hier die Gewohnheit zu Rathe gezogen werden. Auch selbst geistige Getränke, wenn sie rein sind und mäßig genossen werden, können nicht schaden. Hier kann ich nicht umhin beyläufig ein paar Worte vom Koffee zu sagen. Es ist schrecklich, wie sehr dieser an und für sich nützliche Trank gemißbraucht wird. Man trinkt ihn zum Zeitvertreib und zum Wohlbehagen. Er ist der Labetrank aller Stände, ja die gemeinste Bettelfrau trinkt ihn täglich zwey bis dreymal. Zwar bereitet sie ihn äuserst dünn und mischt gebrannte Wurzeln und dergl. darunter; aber desto schädlicher ist er. Denn das Oel, der beste Bestandtheil des Koffees, geht durch die allzu starke Verdünnung, öftre Abkochung

und

und Beymischung andrer Säfte fast gänzlich verlören. Ich merke dies deswegen an, weil man insgemein in dem Wahn stehet, das Oel des Koffees sey dasjenige, was seinen Gebrauch der Gesundheit nachtheilig mache. Richtig, wenn der Koffee schlecht, alt, mithin sein Oel ranzigt ist. Wenn er aber aus einer seinem Wachsthum günstigen Gegend, und überhaupt frisch ist, so sind seine ölichten Bestandtheile gewiß dasjenige, was alten oder schwachen Personen Kräfte giebt, Schläfrige ermuntert, Kopfschmerzen hebt und den Stuhlgang befördert. Dies beweiset einigermaaßen die Verschiedenheit in der Bereitung des Koffees. Derjenige, welcher gewöhnlicher Weise bey der Glut des Feuers gekocht wird, würkt immer weniger gute Folgen auf den Körper, als der, welchen man durch die Filtration bereitet. Jener behält zuviel irrdische Theile bey sich, und sein leichtes flüchtiges Oel wird durch die langweilige Abkochung größtentheils heraus und in die Luft getrieben; bey diesem hingegen wurden die ölichten Theile durch die Schnelligkeit der Bereitung mit aufgegoßnen kochendem Wasser völlig aufgelöst und dem Wasser beygemischt; und alle irrdische Theile blieben im Filtrirtuche zurück. Daß das Oel des Koffees sehr durchdringend und flüchtig, mithin würksam sey, beweiset, außer vielen andern Folgen, auch vorzüglich das Zittern, welches Vollblütige und sehr reitzbare Personen bald nach dem Genusse des Koffees bis in den äuserstenTheilen

Theilen ihres Körpers empfinden. Hieraus folgt allerdings, daß solche Leute den Koffee gänzlich zu vermeiden haben, wie denn überhaupt jede gute Sache unter gewissen Umständen nicht gut ist. Es folgt ferner hieraus, daß man das Oel des Koffees, ohngeachtet es sein bester Bestandtheil ist, nicht mit gar zu wenigem Wasser auflösen müsse, indem es auf diesen Fall zu kräftige Würkungen äusert, die leicht nachtheilig werden können. Man sieht leicht, daß ich dem Koffee, im Ganzen genommen, das Wort rede, und dies geschieht keines Weges mit Partheylichkeit. Denn ich vor meine Person trinke früh beym Aufstehn und gleich nach dem Mittagsessen jedesmal eine Tasse schwarzen, filtrirten Koffee mit einigen Quentchen Zucker vermischt, woraus man wohl nicht auf eine Leidenschaft für den Koffee schliessen kann. Ich rede ihm das Wort, weil er ein nützliches Product der Erde ist, das Tausenden Munterkeit giebt, und, mit gehöriger Vorsicht gebraucht, den mehrsten Menschen bekommt, auch sogar die Würkung einiger Arzneymittel sehr kräftig unterstützt. Aber den häufigen Gebrauch, vermöge welchem viele Personen täglich 6. 8. 12. und mehrere Tassen trinken, werd' ich nie anders als herzlich mißbilligen, theils weil wir in den meisten Gegenden Deutschlands nur schlechten und ranzigten Koffee bekommen, den wir jedoch, aus Mangel an bessern, nicht vermeiden können, theils weil auch selbst der beste Koffee durch seinen Mißbrauch auf unsre Körper

per zu viel Würksamkeit äusert, so wie alle stärkende Sachen, im Uebermaaß genossen, der thierischen Maschine schaden. Soll ich endlich bestimmen, ob Schwangern der Koffee zu erlauben sey, so möcht' ich beynahe Ja sagen, wofern sie nehmlich strenge Mäßigkeit beobachten wollen, und nicht besondre Beschaffenheiten des Körpers, die ihr Arzt untersuchen muß, es verbieten. Ich will meiner Seits nur einen Bewegungsgrund anführen, welcher mir sehr wichtig scheint, dabey aber die andern übergehe, deren noch eine gute Anzahl da wären. Ein für allemal lehrt es die tägliche Erfahrung, daß der Koffee bey sehr vielen Personen die Oeffnung des Leibes beförbre; denn wenn es blos allein das warme Wasser thäte, wie die neuern Aerzte wollen, so müsten alle warme Getränke die nehmliche Würkung thun, welches doch nicht also ist, und von der öftern Erfahrung widersprochen wird. Da nun Schwangere zu Verstopfungen insgemein sehr geneigt sind, so folgt schon hieraus, daß man ihnen den mäßigen Gebrauch des Koffees mit einigem Recht erlauben könne, der übrigen, theils noch nicht anerkannten theils nicht gehörig untersuchten guten Würkungen desselben zu geschweigen.

Noch muß ich erinnern, daß der Mißbrauch der warmen Getränke, welcher überhaupt ein wahres Gift ist, auch den Schwangern in vieler Rücksicht schädlich werden könne.

Die

Die folgende diätetische Regel für Schwangere ist, daß sie mit Bewegung und Ruhe, mit Schlaf und Wachen gehörig abwechseln. Beständiges Sitzen mit leichten weiblichen Arbeiten verbunden, ist auf doppelte Art nachtheilig, einmal, weil dadurch eine Stockung in den Säften begünstiget wird, wozu Schwangere aus mechanischen Gründen überhaupt sehr geneigt sind, und dann, weil sie im Sitzen den Körper immer vorwärts beugen, und dadurch alle Eingeweide des Unterleibes, mithin auch die Mutter, anhaltend pressen. Aber es ist im Gegentheil auch oftmals schädlich, wenn Schwangere heftige Leibesbewegungen und Arbeiten unternehmen. Sie geben dadurch nicht nur Gelegenheit zu unzeitigen und frühzeitigen Geburten, sondern sie setzen sich auch der Gefahr aus, ihre Eingeweide durch schnelle Concußionen zu verletzen. Vorzüglich müssen sie sich in den ersten und letzten Monathen der Schwangerschaft für heftigen Bewegungen, langen Promenaden und schnellem Fahren, besonders in steinigten Wegen, hüten. Es macht keinen Einwurf, daß Weiber auf dem Lande und in den Vorstädten während ihrer Schwangerschaft alle ihre gewöhnliche Feld - und Hausarbeiten ohne Nachtheil verrichten. Denn erstlich glaube ich, es ist noch nicht genug untersucht worden, ob nicht aus dieser Unvorsichtigkeit auch bey dieser Art Leute öfters üble Folgen entstehen, welche man alsdenn gemeiniglich andern Ursachen zuzuschreiben geneigt ist;

ist; und zweytens sind auch die Körper dieser Mütter kernfester und unempfindlicher; mithin haben ihre Muskelfibern mehr Elasticität und die Verbindung des Kindes mit der Mutter ist dauerhafter, als bey denen durch Luxus oder Verzärtelung geschwächten Städterinnen.

Es folgt aus allem diesen, daß man zwischen Bewegung und Ruhe eine gehörige Mittelstraße wähle, daß man arbeite und gehe, ohne sich zu ermüden, und daß man ausruhe, ohne träge zu werden.

Eben so verhält sichs mit Wachen und Schlafen. Zu vieles Wachen würde der Schwangern eine Wohlthat entziehn, die am fähigsten ist, ihren Körper in der gegenwärtigen Verfassung zu stärken. Zu vieler Schlaf würde ihnen Taumel, Kopfschmerz, Mangel an Eß- und Trinklust zuziehen. Ueberhaupt aber ist der Schlaf für Schwangere eine sehr heilsame Sache, und sie können ganz sicher in dieser Epoche einige Stunden mehr schlafen, als sie sonst zu thun gewohnt sind.

Daß frische Luft der Gesundheit des Körpers unentbehrlich sey, können wir an uns selbst täglich wahrnehmen, wofern wir nicht Zärtlinge sind, denen das bis zum Ersticken eingeheizte Zimmer ein Paradies ist. Wir werden bald die verdrüßlichsten Zufälle empfinden, wenn wir der freyen Luft gewohnt sind, und sie durch irgend einen Zufall auf einige Tage entbehren müssen. Um destomehr hüte sich

sich also eine Schwangre, daß sie sich nicht zu lange und anhaltend in einer eingeschloßnen, mit faulen Dünsten geschwängerten Luft aufhalte. Denn ihre Säfte sind in diesem Zeitpuncte ohnedies mehr als jemals zu einer fauligten Schärfe geneigt, welche durch dergleichen unreine Luft sehr vermehret wird.

Gemeiniglich wird die Luft durch die unmäßige Hitze, welche man in den Zimmern bereitet, gewaltig verdorben. Wie viel hundert solche Thoren giebt es nicht, welche zittern, in der strengen Winterkälte ein Fenster zu öfnen, geschweige daß sie es eine Viertelstunde offen lassen sollten, und lachen, wenn man im Januar um die Mittagsstunden ins Freye spatzieren geht. Sie kerkern sich in ihre glühende Zimmer, worinnen das Papier krumm läuft, und die Vögel vom Stängel fallen, und wenn sie Geschäfte abrufen, so pinseln sie ganz entsetzlich, ohngeachtet sie gehörig, vielleicht allzusorgfältig, verwahrt sind. Viele Schwangere, besonders die, so es das erstemal sind, vertragen wenig oder gar keine Hitze, weil sie sich Blutswallungen, Uebelkeiten und Ohnmachten dadurch zuziehen. Auch ist die Gefahr für eine Schwangre sehr groß, wenn sie aus solch einem feurigen Gifte jähling in die kalte Atmosphäre kommt, welches daher so viel als möglich zu vermeiden ist.

Eben so schädlich sind den Schwangern alle ätherische Oele, alle starkriechende Gewürze, alle narcotische Pflanzen, und nicht selten auch sogar

diese

stejenigen sanftriechenden Blumen, welche andern Personen angenehm und erquickend sind. Man muß daher, weil man diese Dinge nicht immer vermeiden kann, sehr vorsichtig mit ihnen umgehen, und ihre Gerüche so viel als möglich in einen weiten Luftraum auszubreiten suchen, welches durch Oefnung der Thüren oder Fenster am besten bewürkt werden kann. Ich habe nicht selten Schwangere in den heftigsten Ohnmachten gefunden, welche ihnen Lilien, Pergamottöl und dergl. zugezogen hatte. Vorzüglich sind alle jene süße Parfüme schädlich, welche der Luxus und die Mode uns auf den Kopf, die Brust und in die Kleider, noch öftrer ins Schnupftuch und in den Taback zu bringen lehren. Diese Gewohnheit schadet würklich den meisten Menschen. Wie viel mehr wird sie nicht Schwangern schaden, deren Nervensystem oft nicht die mindeste Anstrengung duldet?

Noch immer herrschet mit unumschränkter Macht bey dem schönen Geschlecht jene Unart, über glühende Kohlen zu stehen oder zu sitzen. Wollen junge Mädchen sich also vor der Zeit alt machen, und auf solch eine elende Art sich räuchern, meinetwegen, ich will nichts dazu sagen, ohngeachtet schon tausendmaliges Unheil daraus entstanden ist. Aber unausbleiblich ist der Nachtheil dieser Gewohnheit für Schwangre. Diese graden Weges zur Mutter aufsteigende mephitische Luft richtet gewaltige Verwüstungen an, auf deren genauere Erklärung ich

O 2   aus

aus zureichenden Gründen mich hier nicht einlassen will.

Ich komme auf die Kleidung der Schwangern, welche ich auf keinen Fall übergehen darf. Denn auch hierinnen wird eine große Anzahl von Fehlern begangen, die ich nun aber freylich nicht sammt und sonders anführen kann und will, sondern von denen ich nur einige Hauptsachen berühren werde. Die lieben Schnürbrüste ziehn zuerst meine Aufmerksamkeit auf sich. Ich weiß nicht, welcher feindselige Genius dem Erfinder dieser Harnische solch einen wunderlichen Einfall muß zugeflüstert haben. Dieser Anzug schickt sich wohl eher vor einen auf Abentheuer ausgehenden Ritter, als vor das friedfertige, zärtliche schöne Geschlecht. Sollte nicht die Sorgfalt, mit welcher man vielleicht in der Vorzeit einigen unregelmäßig gewachsenen Frauenzimmern, oder solchen, die ihren Körper nicht aufrecht erhalten konnten, zu Hülfe kommen wollte, Gelegenheit dazu gegeben haben? Und das liebe Frauenvolk ist alsdenn vermuthlich insgesammt bewogen worden, es nachzuahmen, theils um ihren leidenden Schwestern Gesellschaft zu leisten, theils sich selbst für ähnlichen Unfällen zu schützen. Daraus ist dann nach und nach eine geschmackvolle Mode entstanden. Doch, es gebühret mir nicht, der Geschichte der Schnürbrüste nachzugrübeln. Ich begnüge mich, zu behaupten, daß das Frauenzimmer ganz gewiß ohne Schnürbrüste grade, und nett gekleidet einhergehen könnte,

könnte, wenn man sie nicht von Kindheit an dazu gewöhnte, und daß also vorläufig diese Mode ganz und gar überflüßig ist. Dies abgerechnet, so sind sie auch äuserst schädlich. Junge Mädchen dürften allenfalls ihre Nachtheile, wenn sie sie einmal gewohnt sind, und nicht übermäßig zusammen schnüren, noch verwinden. Aber die Schwangere sollte, sobald sie die Veränderung merkt, diesen Harnisch schlechterdings wegwerfen. Er benimmt ihren Muskeln die gehörige Elasticität, er schneidet über den Hüften ein, woselbst er die Gebährmutter nebst den Eingeweiden zusammen preßt, und ist dem Körper besonders zu der Zeit sehr hinderlich, in welche er, mechanischen Gesetzen zu Folge, immer höher nach der Herzgrube heraufsteigt. Er hindert endlich die Brüste, sich gehörig auszubreiten, und die herzuströmende Milch in ihre Gefäße aufzunehmen. Kurz, er stiftet mancherley Unheil an, welches hier nicht alles zu berühren ist. Es ist wahr, daß man die übeln Folgen der Schnürbrüste durch weniges Zusammenschnüren einigermaaßen verhüten kann, aber dann stehn sie auch gewiß sehr elend, und der Körper hat in seinem natürlichen Wuchse alsdenn zuverläßig ein besseres Ansehen; wie denn überhaupt die Nettigkeit der Schnürbrüste, nur eine affectirte Schönheit ist, welche die Mode geheiligt hat, und durch welche die Damen ein Wespenartiges Ansehn bekommen.

Auch ein paar Worte von den Schuhen. Es ist eine schreckliche Gewohnheit, daß die Damen Schuhe tragen, an welchen sich Absätze von 4 bis 5 Zoll messender Länge befinden. Ohne einen äuserst vorsichtigen und tanzmeisterischen Gang ist man gewiß jeden Augenblick in Gefahr, mit diesen Schuhen umzubrechen, und zur Erde zu fallen. Dies möchte denn eine Nichtschwangere noch verschmerzen können, und, um der Mode zu huldigen, willig erdulden. Aber man sieht leicht, welcher Nachtheil einer Schwangern aus dieser Gefahr zuwachsen kann. Die kleinste Erschütterung ist ihr schädlich; wie viel mehr würd' es also nicht ein solcher unerwarteter Fall seyn, der auf ebnem Wege möglich ist. Ich möchte daher aus wahrer Menschen- und Nächstenliebe die Schwangern recht dringend bitten, daß sie doch ihre Absätze um einige Töne herabstimmten, um sich und ihre Frucht nicht durch eine so läppische Sache in große Gefahr zu setzen.

Noch sind die Gemüthsbewegungen zurück, welche hier ebenfalls einen sehr wichtigen Platz einnehmen. Die dabey zu beobachtenden Pflichten müssen für allen andern dem Manne zugleich wichtig seyn. Zwar ist er in allen den bisher erwähnten Fällen verbunden, seiner hofnungsvollen Gattin Sorgfalt und Beystand zu gewähren, aber die folgenden Seiten werden uns überzeugen daß er bey der Verhütung der Gemüthsbewegungen seiner Schwangern vorzüglich aufmerksam seyn müsse.

Des

Das schöne Geschlecht ist zur Veränderlichkeit in seinen Affecten sehr geneigt. Alle Freuden und Leiden würken allgemein schneller auf dasselbe, als auf die Männer. Daß es Ausnahmen giebt, versteht sich. Nun entstehen unzählige Krankheiten der Frauenzimmer von dem Sturme der Leidenschaften. Wenn aber bey Mädchen oder nicht schwangern Frauen die Leidenschaften so oft böse würken, wie viel mehr werden sie es nicht bey Schwangern thun, deren Reitzbarkeit in diesem Zeitpuncte weit größer als sonst ist? Dennoch ist man in diesem Falle äuserst nachläßig. Man schont solche Personen nicht gehörig, man setzt sie ohne Rücksicht auf ihre Verfassung allem Aergerniß aus. Sie selbst geben stürmischen Empfindungen der Zärtlichkeit Raum, oder erlauben den Beyschlaf, welcher nebst dem Nachtheil für den Körper, zugleich den Geist gewaltig angreift; oder sie ärgern sich über unangenehme Kleinigkeiten in der Oeconomie bis zum Zittern und Beben, worauf ich nicht selten galligtes Erbrechen, Blutspucken oder andre Verblutungen und endlich sogar unzeitige Geburten habe entstehen sehen. Alle diese Dinge muß die zukünftige Mutter sorgfältig fliehen. Sie setzt sich der Gefahr aus, eine Mörderin ihres Kindes oder ihrer selbst, oder wohl gar beyder zugleich zu werden. Wenigstens kann sie oder ihre Frucht in der Zukunft einen siechen Körper davon tragen, welcher oft noch unerträglicher ist, als der Tod selbst. Sollten diese Gründe,

Gründe, deren Wahrheit und Gewicht jeder Arzt bestätigen kann und wird, nicht zureichend seyn, uns zur Vorsichtigkeit aufzufordern?

Hier ist aber auch, wie schon berührt worden, derjenige Zeitpunct, wo sich die Klugheit und die Zärtlichkeit des Mannes am thätigsten äusern kann. Er muß hier nachgeben, so viel, als die Vernunft erlaubet. Er muß kleine Beleidigungen geschwinder als sonst verschmerzen. Er muß den Eigensinn der Frau, welcher in der Schwangerschaft höher als sonst steigt, oder sich auch wohl bey solchen, die ihn zu andrer Zeit nicht hegen, einfindet, nicht mit bringendem Ernste, sondern mit nachgebender Sanftmuth behandeln. Noch mehr, er muß nicht nur die ihm gegebnen Gelegenheiten zum Zorn großmüthig übersehen, sondern er muß auch selbst alles sorgfältig vermeiden, was von seiner Seite zu Zwistigkeiten Anlaß geben könnte. Seine Laune muß sich jezt mehr als jemals in die Fessel der Klugheit schmiegen. Und damit seine Gattin der übeln Laune, wozu sie jezt mehr als jemals geneigt ist, seltner nachhänge, so muß er ihr, so viel in seinen Kräften steht, anständige Vergnügungen und Zerstreuungen zu machen suchen. Er wird hierbey selbst gewinnen. Seine liebe Schwangre wird ihn weniger mit Grillen plagen, und desto gewisser mit einer glücklichen Geburt künftig erfreuen.

Damit aber diese Nachgiebigkeit des Mannes nicht großen Schaden nach sich ziehe, so sey auch
die

die Frau daran erinnert, daß sie aus dieser Nachgiebigkeit nicht ein Gesetz, nicht eine Gewohnheit mache, noch es zu andern Zeiten eben so verlange. Noch viel weniger muß sie auf diese Pflicht des Mannes pochen, und in ihrer Schwangerschaft, nach dem Ausdruck des Pöbels, ihn scheeren, in der Zuversicht, daß es ihr vor voll ausgehen werde. Der männliche Geist ist auch unleidlich, wenn er zu sehr gereizt wird, aber gewiß äuserst nachgiebig, besonders gegen die Gattin, wenn sie ihn mit Artigkeit behandelt. Wenn also die Sache zu weit geht, so kann er nicht mehr, und in keinem Zeitpunkt nachgeben, denn er würde seine Rechte verlieren, die Sache zur Gewöhnheit werden, und er künftig den Spinnrocken ergreifen oder Kinder warten und wiegen müssen.

Die Pflichten aus der Diät, welche Schwangere von zarter Erziehung beobachten sollten, sind mir überhaupt so wichtig und heilig, daß ich sie mit großer Betrübniß fast täglich verletzen sehe. Denn es werden eine Menge traurige Folgen durch ihre Vernachläßigung veranlaßt, die man im gemeinen Leben immer lieber andern Ursachen aufzubürden geneigt ist. Grobe Fehler in der Diät schaden nicht nur Mutter und Kinde, wie ich schon erwähnt habe, sondern sie verursachen auch künftige Unfruchtbarkeiten, oder öfters auf einander folgende Wegfälle der Früchte. Wodurch denn also der Welt viele neue Ankömmlinge leichtsinnig entzogen werden.

Um endlich auch diejenigen Regeln, welche die Erfahrung am besten lehret, nicht zu verabsäumen, so ist es die Pflicht einer jeden jungen Frau, die in den erstern Mahlen ihrer Schwangerschaft sich befindet, und welcher mithin vieles noch neu und fremd ist, daß sie unter andern, mehrmals die Geburt und Schwangerschaft überstandenen Frauen, sich eine Freundin wähle, die vertraulich und redlich ihr guten Rath ertheile, und ihr im geselligen Umgange nach und nach beybringe, was sie zu thun und was sie zu unterlassen habe. Die Nützlichkeit dieses Vorschlages ist sehr einleuchtend. Dennoch darf ich auf wenige Befolgung rechnen, denn ich weiß aus der Erfahrung, daß die mehrsten von denen, welche das erstemal schwanger sind, äuserst furchtsam und schaamhaft damit umgehen, und lieber mit Schaden klug werden, als erfahrnen Freundinnen ihr Herz eröfnen.

Aber ich muß abbrechen. Vielleicht hab' ich ohne dies schon den Vorwurf zu gewarten, daß ich zu lang gewesen. Doch, den will ich gern tragen, und um so geduldiger, je weniger ich ihn verdiene. Die Lauterkeit meiner Absicht muß mich entschuldigen. Als Arzt bin ich eigentlich noch viel zu kurz gewesen. Aber da ich für allerley Leser schreibe, so muß ich besorgt seyn, keines Gedulb zu ermüden.

Achtes

Achtes Kapitel.
Wochenbetten.

Da die diätetischen Regeln, welche eine Kindbetterin zu beobachten hat, theils mit den jetzterklärten einer Schwangern in den meisten Stücken übereinkommen, nur mit dem Unterschiede, daß die letztern Wochen nach und nach immer weniger Zwanges bedürfen, theils die Beschaffenheiten der Körper in diesem Falle allzu verschieden sind, indem einige sich äuserst kränklich dabey befinden, andre ein paar Tage nach der Geburt wieder alle ihre Geschäfte mit Munterkeit verrichten, so ist es nicht meine Absicht, den Ton des Arztes in diesem Kapitel anhaltend fortzusetzen. Vielmehr werd' ich einige Augenblicke bey den häuslichen Einrichtungen und Auftritten verweilen, welche auf die Geburt eines neuen Weltbürgers erfolgen.

Die Taufe, jene feyerliche kirchliche Handlung, wird vielleicht oft aus Unwissenheit, noch öfterer aus Hochmuth, ihrer einfachen Würde beraubt, und unter die Eitelkeiten der Menschen herabgewürdigt. Uebermäßige Pracht im Putze des kleinen unschuldigen Täuflings und große Verschwendung bey Taufessen, entheiligen von Seiten der Eltern die Würde der Taufe, theils indem sie überhaupt aus einer tadelhaften Quelle fließen, theils indem sie bey vielen der Oeconomie gewaltiges Nachtheil bringen. Ein Mann von Vermögen kann allerdings einen hierbey geschehenen großen Aufwand leicht übersehen. Aber desto schlimmer für den Unbegüterten, der mit ihm gleiches Standes ist. Angebohrne Ehrbegierde erlaubet ihm nicht, sich dem zweydeutigen Urtheil des Pöbels auszusetzen. Er muß es, nach hergebrachten bürgerlichen Einrichtungen, seinem Vorgänger gleich thun. Was hilfts, daß wir sagen: er kann sich ja darüber wegsetzen, und handeln, wie er kann und will! Jeder setze sich an diese Stelle, und urtheile unbefangen. Bürgerliche Gewohnheiten sind oft strengere Gebieter über unsre Handlungen, als die theoretischen nicht immer anwendbaren Regeln aus der Philosophie. Aber einstimmige Abschaffungen solcher Verschwendungen und Mißbräuche, wo die reichsten im Volk die Simplicität bey dieser Sache gemeinschaftlich einführten, würden nach und nach durchdringen.

Hieher gehört auch unsre Einrichtung mit den Gevatterschaften. Eins folgt aus dem andern. Wenn die Eltern des Täuflings verschwenden, wollen und dürfen sich die Pathen auch nicht schimpfen lassen. Dennoch gewinnt von beyden Theilen keiner, nur die Bedienungen, die Kuchenbäcker, Conditors und Weinhändler werden bereichert. Auch ists eine äuserst unangenehme Sache, daß es jedem Menschen erlaubt ist, wen er nur will, zum Pathen

seines

seines Kindes zu wählen. Personen, die vermöge ihres Amtes und ihrer Geschäfte mit sehr vielen Menschen in einiger Verbindung stehen, werden des Jahres wohl 15 bis 20mal zu Gevattern gebeten. Und die Kirche, oder vielmehr die Priester haben sich das Recht angemaaßt, daß sie jeden, dem diese Ehre wiederfährt, zur Annehmung derselben zwingen wollen. Dies ist ein gewaltiger Despotismus, und ich zweifle, daß er sich auf würkliches Recht gründet. Der Vornehmere wird durch diese Keckheit, welche die Kirche mit ihrem Ansehen unterstützt, fast alle Wochen von dem Geringern, mehrentheils ohne erhebliche oder wohl bey gar keiner Bekanntschaft, überlaufen, ob schon sein Geldbeutel nicht selten gar schwache Quellen hat. Und wenn die dabey verwendeten Ausgaben nur noch dem Kindchen zu Gute kämen! Nein, auch hier geschieht der häufigste Mißbrauch. Eltern vom geringern oft auch vom mittlern Stande, nehmen das Eingebinde, bezahlen davon die Fressereyen, und machen sich von den Ueberbleibseln noch ein paar gute Tage. Löblicher ist die Gewohnheit einiger Vornehmern im Volk, welche nur einige Erfrischungen auftragen, und gar keinen Pathenpfennig annehmen. Doch sind auch hierbey die großen Trinkgelder für die vielerley gegenwärtigen Bedienungen dem nicht reichen Manne schon lästig. Daß übrigens Pathen und Zeugen der Taufhandlung eingeführt sind, ist sehr löblich, nur sollte man nicht, wie

bey

bey den Adelichen, Landgeistlichen u. a. m. wohl eine Mandel Gevattern dulden, sondern sie, gleich den übrigen, auf eine kleine Zahl einschränken. Endlich muß ich auch noch berühren, daß die Gewohnheit, Kinder zu Pathen zu bitten, gewiß äuserst lächerlich ist. Warum duldet doch diese die Kirche, da sie in andern Dingen so streng' und gewissenhaft ist? Hierbey wird ja der Entzweck der Pathenschaft auf keine Weise befriedigt, und es ist sehr in die Augen fallend, daß man sie aus eigennützigen Absichten bittet. Sie freun sich zwar gewaltig über das ankommende Kuchenwerk, aber das Wort Taufzeuge ist ihnen ein leerer Schall.

Wenn denn nun endlich das Kind getauft, alle Fresserey vollendet, und die Ruhe im Hause einigermaßen wieder hergestellt ist, so hebt dann eine neue Unruhe an, welche einige Wochen nach einander, besonders den guten Hausvater, weidlich quälet. Ich meyne die eckelhaften Wochenvisiten, welche der Sammelplatz alles nur möglichen Unsinnes sind. Sie verursachen unübersehbare Unkosten, um so viel mehr, da auch bey ihnen große Verschwendung im Schwange gehet: Einer meiner jüngern Freunde nöthigte ohnlängst seine Frau, daß sie mit Endigung der vierten Woche ihres Wochenbettes den Kirchengang halten muste, um nur endlich der ewigen Wochenvisiten loß zu werden. Er kehrte sich nicht an die Wiederrede aller sich bekreutzigenden alten Weiber. Ich muste herzlich lachen,

konnt'

komm' ihm aber meinen Beyfall nicht versagen. Ferner sind diese Visiten für die Wöchnerin sehr ermüdend und angreiffend. Es ist keine Kleinigkeit, besonders für schwächliche Frauen, sich durch 7 bis 8 waschhafte Weiber, denn so viel kommen öfters zusammen, eine oder zwey Stunden durchzureden. Denn bey den Unterredungen größtentheils zu schweigen erlaubt weder die Etiquette, noch eigne, angebohrne Geschwätzigkeit. Die abscheulichste aber unter allen Abscheulichkeiten der Wochenvisiten ist die grenzenlose Tadelsucht, welche hier verübt wird. Da wird weder Guter noch Böser geschont, da hängt man alle Pflichten der Nächstenliebe an den Nagel, suchet die kleinsten Fehler der Brüder und Schwestern auf, weiß jede Neuigkeit, weiß jede geheime Absicht, warum dieser oder jener so und nicht anders handelt, richtet über alle öffentliche Vorfälle, thut unmaaßgebliche Vorschläge zur Besserung dieses Menschen oder jener Sache, rühmt seine eignen Vorzüge, Fähigkeiten und Tugenden, theilt auch selbst den Gegenwärtigen Spitzen aus, und geräth überhaupt in einen vertraulichen Enthusiasmus, der nahe an Wahnsinn grenzet. Auch sind die Gesetze dieser Visiten so strenge, daß keine versäumt werden darf. In diesem Zeitpunct besuchen Frauen einander, die sonst nie zusammen kommen, wiewohl dies freylich öfter in kleinen als in großen Städten der Fall ist. Junge und alte Frauen, Wittwen sogar, strömen in Menge herbey; aber

die

die Jungfrauen sind dieses Vorzuges nicht theilhaftig, wenigstens werden sie gewiß der Gegenstand der tadelsüchtigsten Aufmerksamkeit, wenn sie sich zufälliger Weise einmal dabey einfinden. Die stolzesten unter den Besuchenden sind auch äuserst empfindlich, wenn sie nicht alles nach ihrem Geschmack finden, und sie können dann gewaltig die Nase rümpfen. Kurz: der entsetzlichen Auftritte und Begebenheiten bey Wochenvisiten sind unzählige, und ich muß abbrechen, daß ich nicht in ein Labyrinth verwickelt werde.

Wenn nun endlich alle diese Unruhen überstanden sind, so kommt dann die Ceremonie des Kirchen = und Ausganges herbey. Auch hier wütet das Gift der Verschwendung epidemisch; so wie bey dem Kindtaufen. Es werden große Feste veranstaltet, die Geldkästchen ausgeleert, oder es wird wohl gar das benöthigte zusammengeborgt, wobey sich über dieses noch die gewesene Wöchnerin, die das Schwärmen noch nicht recht wieder verträgt, öfters aufs neue den Rest giebt. Die Zeit des Wochenbettes dauert eigentlich 6 Wochen. Klügre enden sie eher, denn ich sehe nicht ein, warum sie schlechterdings 6 Wochen dauern soll. Hier ist wieder einmal der Aberglaube im Spiel. Die Reinigung der Mutter Gottes geschah nach 6 Wochen. Dies haben wir für alle Mütter, in allen Ländern, in allen Jahrszeiten, unter allen Umständen zur Regel genommen. Und wenn auch diejenigen, welche

schon

schon öfterer gebohren haben, sich nicht so sehr an dies Gesetz binden, so wollt' ichs doch keiner Erstgebähre‍rin rathen, daß sie einen Tag an den 6 Wochen feh‍len ließe. Sie müste gewiß auf der Stelle des To‍des zu seyn befürchten.

Zum Beschluß dieses Kapitels muß ich noch ein paar Worte vom Stillen und Entwöhnen der Kinder sagen, damit ich im folgenden Kapitel, wo ich von der Erziehung handle, sogleich bey dem zu etlichen Jah‍ren gediehenen Alter anfangen kann, ohne mich so‍dann bey den ersten Monathen aufhalten zu dürfen, als wohin doch eigentlich der jetztzuberührende Ge‍genstand gehöret. Hier muß ich aber nun schön wie‍der einmal als Arzt reden. Man will seit einiger Zeit sogar allgemein über die jungen Mütter schreyen, welche ihre Kinder nicht selbst stillen. Nichtärzten ist dies zu verzeihen, denn sie wissen nicht, daß die Ursachen, die es verhindern, so sehr häufig und man‍nigfaltig sind. Aber wenn Aerzte so hitzig darüber schelten, so kann ichs ihnen nicht vergeben. Es wäre viel zu weitläuftig, alle die Ursachen anzuführen, welche das Selbststillen bey zärtern Frauen verbieten können. Und sollte das Kind wohl dabey verlieren, wenn es statt seiner zärtlichen und vom Aergerniß, welches am meisten die Milch verderbt, geplagten Mutter, eine vollsaftige und starke Ernährerin be‍kömmt? Freylich ist man bey einer Amme zuweilen unsicher. Auch ist es wahr, daß gewisse Character‍züge sowohl als gewisse Krankheiten durch die Mut‍

termilch

termilch den Kindern mitgetheilt werden können.
Aber wer wird auch eine Amme ohne die gröste Vor:
sichtigkeit, ohne die Untersuchung und Beobachtung
des Arztes, ohne strenge Erkundigung nach ihrem
bisherigen Lebenswandel annehmen? Auch steht es
uns ja, bey der ersten Bemerkung, daß das Kind nicht
gedeihet, frey, die Amme abzudanken, denn es ist gar
nicht zu leugnen, daß man, bey vernünftiger Behandlung, das Kind jeden Augenblick und wenn man
will, entwöhnen kann. Wie denn auch überhaupt
die Entwöhnung ein sehr gutes Mittel ist, wenn sich
die Mutter zum Selbststillen nicht tauglich befindet.
Denn es ist besser, das Kind mit schicklichen Vege-
tabilien zu nähren, als von der zum Stillen nicht
recht fähigen Mutter tränken zu lassen, wo es nicht
gedeihet, und die Mutter auch selbst mit zu Grunde
gehet. Ich sehe so manchen derben und kernvesten
Jungen herumlauffen, der in seinem Leben an keine
Brust gelegt, sondern blos mit Gries, Haferschleim
und einigen Wurzeltränken aufgezogen worden ist,
bis er im Stande war, die thierische Milch und nach
und nach auch andre Kost zu verdauen. Dies werd'
ich inzwischen nie widersprechen, daß Mütter, deren
Säfte, Brüste, Gemüthsbewegungen und andre Umstände sie zum Stillen tüchtig machen, sehr tadelhaft
handeln, ja ein Verbrechen begehen, wenn sie sich,
gröstentheils aus Galanterie, Schönheitssucht oder
Bequemlichkeit diesem Gesetze der Natur entziehn,
welches sie fast jedes Thier erfüllen sehen, hierbey muß
ich

ich aber auch noch erinnern, daß es ein großer Fehler ist, wenn man die Kinder allzulange stillet. Mütter, die ihren Zöglingen eine Affenliebe schenken, geben ihnen die Brust nicht selten bis zu Ausgange des zweyten Jahres; ja ich habe Knaben und Mädchen gesehen, welche sich selbst ein Bänkchen holten, darauf stiegen, der Mutter den Busen öfneten und nach Herzenslust ihren Durst stillten. Wie lächerlich sieht dies nicht aus! Und daß das lange Stillen euerm Körper in vielen Stücken, die ich jetzt nicht erklären will, nachtheilig sey, wird euch jeder Arzt mit mir einstimmig versichern. Schon ein Jahr deucht mir zu lange. Ich bin überzeugt, daß 4 bis 6 Monath völlig zureichend sind.

Neuntes Kapitel.
Erziehung der Kinder.

Ueber diesen Gegenstand sind schon Millionen Federn stumpf geschrieben worden. Brächt' es nicht die Eintheilung meines Buches mit sich, gewiß, ich würde ganz davon schweigen, und mich in diese triviale Materie nicht mischen. Aber ich bin einigermaaßen gezwungen, davon zu reden. Demohngeachtet werd' ich mir die Freyheit nehmen, nur einige Anmerkungen über diese Sache hinzuwerfen, damit ich den möglichen Widersprüchen der heutigen Erzieher so viel als möglich entgehe. Denn einstimmig können wir unmöglich alle seyn, besonders in Lehren, die sich besser theoretisch vortragen, als practisch nützen lassen. Und die Verhältnisse sind gar zu verschieden, als daß man sich allemal auf die vorgeschlagnen Anstalten sollte verlassen können, welche demohngeachtet unter gewissen Umständen sehr gut und herrlich seyn mögen.

Tägliche Erfahrung hat mich bestimmt, zu glauben, daß zu einer glücklichen Erziehung der Grund in den frühsten Lebensjahren gelegt werden müsse. Der Zeitpunct, wo die Kinder ohnlängst angefangen haben, Zunge und Füße zu gebrauchen, sollte in der Erziehung einer der wichtigsten seyn. Hier ist die Pflanze noch in ihrer zartesten Entwicklung. Hier lernt sie Hitze und Kälte, Trockenheit und Nässe vertragen; hier leidet sie, daß man ihr die Bahn ihres Wuchses vorschreibe. Die Seele des kleinen Knabens aber Mädchens fängt sich jetzt an, aus ihrer Hülle zu drängen. Der Tag dämmert um sie herauf, und fängt an, Schönheiten der Natur zu erblicken. Hier kommt es darauf an, was für Gegenstände man ihr darstellt, die sie beschäftigen, und durch ihre Anzüglichkeit ihre Kräfte anreitzen und entwickeln helfen. Allzu gleichgültige Gegenstände werden sie bald fühllos gegen die Schönheiten der Erde machen, wenigstens ihre Empfindungen des nöthigen Schwunges berauben. Sie werden einen Thurm, ein Haus, ein kahles Gebürge anstaunen,

aber

aber bald, des einfachen und einseitigen Anblicks müde, lange Weile äusern, und in ihren Puppenspielen veränderlichere Unterhaltung suchen. Gebt ihnen hingegen Gemälde von mancherley lebenden Dingen, gebt ihnen Instrumente, die bey der Berührung allerley Töne von sich geben, führt sie auf bunte Wiesen, wo Mannigfaltigkeit aus jedem Blümchen lächelt, oder in den prangenden Garten, wo Blumen, Bäume, Nieschen, Statuen, Springbrunnen ewig mit einander abwechseln, wo Natur und Kunst so innig mit einander verbunden sind; wie werden sie hüpfen, wie werden sie ihre Spiele vergessen, jeden Augenblick neue Unterhaltungen finden, und nur dann ermüden, wenn ihr Empfindungsvermögen im gehörigen Maaße angestrengt ist. Aber auch dann verliert sich das Ergötzen an diesen Dingen nicht aus ihrer Seele. Sobald sie bey einfachern Beschäftigungen oder im Schlaf wieder ausgeruht haben, so werden sie wieder Begierde nach den genannten Gegenständen äusern, und sie gemeiniglich mit einigen Ungestüm fordern. Man erlaube ihnen hierinnen, so viel es möglich ist, alle Neugierde. Laßt sie die kleine Geige zerbrechen, um zu sehen, was drinn steckt. Wenn sie nichts finden, werden sie bald von selbst die Ursache des Tones in der Saite suchen. Laßt sie ein schwarzes Kupfer ausmahlen, um sich durch selbstgeschafne Mannigfaltigkeit der Farben zu vergnügen, laßt sie Blumen pflücken, und sie in kleine Stückchen zerreißen, denn sie suchen Kern und

Urstoff.

Urstoff. Laßt sie Raupen und Schnecken suchen, und nach Schmetterlingen lauffen. Diese Mannigfaltigkeit der Gestalt und Farbe so reitzender Geschöpfe in ihrem Besitz zu wissen, ist für sie ein himmlisches Vergnügen. Ueberhaupt müßt ihr sie, wenn sie einmal auf den rechten Weg geleitet worden, ihre Spiele sich selbst suchen lassen. Dabey habt ihr demohngeachtet sehr viel zu thun. Sie werden zwanzigmal in einer Stunde auf ungereimte und nachtheilige Dinge verfallen. Dabey müßt ihr sie ertappen, ihnen die Sache untersagen, die Nachtheile davon erklären, und wenn dies nur anhaltend und nie mit unzeitiger Nachsicht geschieht, so werden sie gröstentheils bald aufs Wort folgen, ja sie werden sich gewöhnen, bey dieser und jener Sache, ehe sie sie unternehmen, vorhero euer Urtheil einzuholen. Hier ist noch nicht der Zeitpunct, wo man eben fürchten dürfte, daß ihr Character durch die verschafte Verschiedenheit im Zeitvertreibe buntschäckig werden werde. Jetzt ist noch jede Unterhaltung, die sie mit vielen neuen Gegenständen bekannt macht, für sie angenehm und nützlich; aber einfache Gegenstände ersticken ihr Empfindungsvermögen.

Wenn nun noch einige Jahre dahin geflossen, ihre Fassungskräfte gestärkt sind, und ihre Fähigkeiten sich den Augen ihrer Vorgesetzten allmählig zu enthüllen anfangen, so ist es Zeit, daß man sie nicht nur mit ernsthaftern Dingen bekannt mache, sondern sie auch nöthige, sich anhaltender mit einer Sache zu beschäf-

beschäftigen. Dies ist freylich sehr schwer, und würde leichter seyn, wenn man sie von Anfange zum Stillsitzen gewöhnt hätte. Allein es ist sehr einleuchtend, daß dieser kleine Vortheil von Seiten der Erzieher, einen desto größern Nachtheil von Seiten der Kinder verursachen würde. Nunmehr ist es Zeit, daß man sie in die Schule schicke. Hierbey ereignen sich nun insgemein sehr große Fehler. Entweder man giebt ihnen auf einmal viele Stunden oder man übergiebt sie Lehrern, welche sie mit pedantischer Regelmäßigkeit in den Grundlagen der Sprache unterrichten, anstatt daß diese ihnen in spielender Vertraulichkeit sollten beygebracht werden. Auch läßt man sie gemeiniglich nur die Muttersprache lernen, oder zur Noth ein Bischen Rechnen, Geographie u. dergl. Aber sehr selten sorgt man davor, daß ihnen Begriffe von Dingen beygebracht werden, und sie Erklärungen bekommen von den Gegenständen, welche ihnen in ihrer vorhergegangnen Wildniß öfters ohne Erklärung aufstießen. Sie lernen also gar nicht denken, oder nicht richtig denken; ihre Begriffe werden falsch, wenigstens mangelhaft. Es deucht mir ferner auch ein Fehler zu seyn, wenn man ihnen zu zeitig geoffenbarte Religion vorträgt, die für ihre Faßungskraft zu erhaben ist; noch mehr, wenn man sie Sprüche und Glaubenslehren auswendig lernen läßt, wovon sie oft nicht einmal die stummen Wörter verstehen. Endlich so muß man ihnen auch viele Erholung vergönnen. Regelmäßiges Denken greift das

P 4   Gehirn

Gehirn sehr an. Laßt sie nach allen ernsten Beschäftigungen ins Freye lauffen, es sey Sommer oder Winter. Sie mögen immerhin, vorausgesetzt, daß es nicht in unartiger Gesellschaft geschehe, auf der Schleife fahren. Ein gesunder und gehörig verwahrter Knabenkörper befindet sich in der Kälte ganz gewiß allemal am besten, auch stärkt sie seine Seelenkräfte ungemein, welches aus physiologischen Gründen zu beweisen ist. Nur leide man, in diesem Zeitpunct so wenig als in spätern Jahren, keine allzuläppische Spiele bey ihnen. Für Knaben schicken sich keine Puppen; aber den Mädchen lasse man sie einige Zeit, denn sie werden durch das An- und Ausziehn derselben Lust bekommen, weibliche Kleidungen verfertigen zu lernen. Sie werden dadurch ganz unvermerkt mit Nadel und Scheere umzugehen gewohnt werden.

Für allen Dingen aber lasset eure Kinder, so lange sie ihren Verstand noch nicht anhaltend gebrauchen können, nicht zu sehr unter der Herrschaft ihres freyen Willens. Gewöhnt sie in Zeiten daran, daß sie nicht nach dem Gesetz der Natur, sondern nach dem Gesetz der Klugheit, der guten Sitten und der Religion leben müssen. Gewöhnt sie, daß sie gegen sich selbst mißtrauisch werden, nehmlich, daß sie ihr Unvermögen fühlen lernen, und keine Handlung von einiger Wichtigkeit, ohne euch um Rath zu fragen, vornehmen oder unterlassen. Auch müssen sie aufs Wort merken lernen. Sie müssen ihre liebsten

Spiele

Spiele hinwerfen, wenn ihrs verlangt. Sie müssen auf euern Befehl willig zu Hause bleiben, wenn auch Gartenlust, Wachparade und dergl. sie noch so sehr weglockten. Ihr müst ihnen bisweilen, ohne daß ihr einen wichtigen Grund dazu habt, ihre Bitten rund abschlagen, damit sie auch leicht zu erlangende Sachen entbehren lernen, und dadurch von Lüsternheit und Haabsucht abgezogen werden. Dies kann am leichtesten bey Tische geschehen, wo sie gemeiniglich von allem haben wollen, was sie sehen. Denn zu geschweigen, daß überhaupt die einfachsten Speisen für Kinder die gesündesten sind, so werden sie auch dadurch, daß man ihnen von allem ein Stückchen, ein Spitzchen, ein Löffelchen u. s. w. wie es die lieben Mütter zu nennen pflegen, darreichet, unausstehlich genäschig, so daß es ihnen fast gar nicht wieder abzugewöhnen ist. Ferner müssen Kinder auch nicht stets das Wort führen, und Erwachsene oder wohl gar Greise ohn' Aufhören überschreyen. Ich habe diese Unart in sehr vielen Familien bemerkt. Alle vernünftige Unterredungen werden durch solche unartige Kinder gestört, und läßt man sich Unzufriedenheit darüber merken, so beleidigt man noch obendrein die Eltern. Noch viel weniger muß es Kindern gestattet werden, sich auf Streitereyen einzulassen und Behauptungen äusern zu dürfen. Sie irren sich doch nothwendig sehr oft, und verstehen dann die Zurechtweisung nicht. Daher ists besser, sie in gehörigem Respect gegen Erwachsene zu erhalten, und ihre

Einwendungen auf Seltenheit und Bescheidenheit einzuschränken.

Eltern müssen auch nicht zugeben, daß Kinder einen Augenblick die gehörige Achtung gegen sie aus den Augen setzen. Wenn es geschieht, ist der Nachtheil unermeßlich groß, und doch geschieht es sehr häufig. Mehrentheils sind die Eltern ganz allein schuld. Sie werden zu familiär mit den Kindern, beweisen ihnen zu wenig Strenge, und was das wichtigste ist: Vater und Mutter widersprechen sich zu oft in ihren Befehlen oder Verboten. Dieser letzte Fehler ist ganz allgemein. Das Kind sitzt dabey, und hört diese Uneinigkeit. Es urtheilt darüber und erklärt sich ganz natürlich für die Parthey, die seinen Neigungen am meisten schmeichelt. Es verachtet die andre Parthey, und ist von ihrem Irrthum herzlich überzeugt. Künftig ist wieder einmal die Parthey, für die es sich Anfangs erklärt hatte, seinen Wünschen entgegen. Das verdrüßt ihn, es wird unentschlossen, wenn es folgen soll, und findet es endlich am besten, selbst zu entscheiden, ohne Vater und Mutter Gehör zu geben. Diese Bemerkung ist richtig. Jedem Beobachter wird sie die tägliche Erfahrung beweisen. Aber eben so einleuchtend ist der daraus erwachsene Schade, und die Gewißheit, mit welcher die Erziehung durch dies eingeflößte Mißtrauen erschweret wird. Eltern müssen in ihren Lehren stets übereinstimmen. Was eins befiehlt, muß das andre gut heißen. Und wenn der eine Theil irrig ist,

ist, wie dies denn allerdings vorkommen kann, so muß die Berichtigung allein, und nicht in Gegenwart der Kinder geschehen. Aber aus Rechthaberey, Vorurtheilen, Aberglauben, und noch öfter aus Affenliebe gegen die Kinder, können sich die Mütter sehr selten enthalten, den Ermahnungen der Väter in Gegenwart der Kinder zu widersprechen. Der Geist des Widerspruchs erschwert überhaupt, den Eltern sowohl als den Lehrern und Erziehern, die Ausbildung der Kinder ganz ungemein. Denn die frühsten Jahre sind, wie ich schon erwähnt habe, die Grundlage der Erziehung. Werden sie da nicht mit Eintracht und Entschlossenheit behandelt, so gewöhnen sie sich an den Widerspruch. Unter mehrere daher entstandene Fehler ist auch der hartnäckige Uebermuth zu rechnen, mit welchem viele Kinder von jedem ihnen gegebnen Befehle die Ursache wissen wollen. Sie müssen aufs Wort glauben, und überzeugt seyn, daß man ihnen wohl von selbst die Ursache des Befehls eröfnet haben würde, wenn mans vor gut und nöthig befunden hätte.

Von den Kinderjahren komme ich nunmehr auf die Knaben und Jünglingsjahre, oder eigentlich auf die spätern Knabenjahre. In diesem Zeitpuncte bessern, was man in Kinderjahren versehn hat, ist eine äußerst schwere, oft unmögliche Sache. Alle Fehler, die damals aus Verzärtelung begünstigt und übersehn wurden, bleiben nicht nur immer gegenwärtig, sondern sie werden auch mit den Jahren hartnäckiger;

ger; so wie hingegen eine strenge, aufmerksame und fleißige Erziehung in den Tagen der Kindheit, Knaben und Mädchen bildet, deren künftige Erziehung mit sehr wenigen Beschwerden verknüpft ist. Es ist aber auch dann noch ein Mittel übrig, die Sache wieder gut zu machen. Nehmlich, man muß entweder einem Hausinformator die ganze uneingeschränkte Aufsicht über die Kinder anvertrauen, oder man muß sie ganz und gar von sich entfernen. Dies letztere ist ohnstreitig noch vortheilhafter als das erste, indem bey diesem die Eltern doch alles mit ansehn, was der Erzieher zu ihren Besten vornimmt, und also immer noch aus zu weit getriebner, eigentlich thörichter, Zärtlichkeit oft tadeln und unzufrieden damit seyn werden. Nun fragt sichs aber, ob man die Kinder am entfernten Orte einem einzelnen Aufseher, oder einer öffentlichen Anstalt anvertrauen solle? Ich fühle mich ganz unvermögend, dies zu beantworten, so lange die öffentlichen Anstalten noch allzu verschieden eingerichtet, ja den unentschiedenen Streitigkeiten unsrer Pädagogen von erster Größe noch zu sehr unterworfen sind, und da es ferner auch nicht zu leugnen ist, daß sich Kinder oft auf eine sehr mechanische Art nach denjenigen Erzieher bilden, welchem sie ganz allein sind anvertrauet worden, wobey es denn darauf ankommt, ob dieser solche blinde Nachahmung verdiente oder nicht. Man prüfe also die Fähigkeit und die Denkungsart des Knaben sowohl, als die Vorzüge des Lehrers, oder der öffentlichen

Erzie-

Erziehungsanstalt, der man ihn anzuvertrauen gedenket, so wird man am sichersten für sein künftiges Wohl entscheiden können. Daß in noch spätern Jahren Söhne in jedem Betracht auf einige Zeit aus dem väterlichen Hause entfernt werden müssen, sie seyn nun wes Standes, Geschäftes oder Gewerbes sie wollen, ist eine allgemein anerkannte Nothwendigkeit. Ich übergehe daher ihre Beweise. Auch lasse ich die Pflichten der Erziehung bey Mädchen unberühret, weil dies mich theils in ein zu weites Feld führen, theils meine Unwissenheit in dieser Sache verrathen würde. Aber die allgemeinen Regeln für die Jahre der Kindheit gelten ihnen auch mit; so wie es ebenfalls auch nicht undienlich ist, heranwachsende Mädchen auf einige Zeit von sich zu entfernen, damit sie theils für dem gewöhnlichen weiblichen Wahn gesichert seyn, alle Einrichten im väterlichen Hause für die besten und einzig guten zu halten, theils damit sie in mancherley weiblichen Wissenschaften desto unbefangner und ungestörter unterrichtet werden können. Allerdings aber ist bey der Entfernung der Töchter die gröste Vorsicht nöthig. Denn sie können sehr leicht in schlechte Hände gerathen, da es der Kupplerinnen und Gelegenheitsmächerinnen so unzählige giebet.

Unter den allgemeinen Erziehungsregeln ist es auch eine der wichtigsten, daß man nicht ohne Noth allzustrenge gegen die Kinder sey. Nachsicht und Duldung ist gar sehr oft erforderlich. Auch ist sie

löblich,

löblich, und eine Begünstigung der Freyheit des Geistes. Aber sie darf nur in unschuldigen Nachsichtwürdigen Dingen statt finden. Durch ihre Allgemeinheit schadet sie unwidersprechlich, wie schon erwähnt worden. Keine Strenge der Eltern aber ist nachtheiliger, als die, vermöge welcher man ihnen allen geselligen Umgang verbietet. Der Trieb zur Geselligkeit ist uns eingepflanzt. Wenn Weise in spätern Jahren statt der Gesellschaft die Einsamkeit aufsuchen, so geschieht es theils darum, weil sie in den gröstentheils faden Gesellschaften keine Unterhaltung haben, theils weil sie in sich selbst genug Beschäftigung finden, wodurch ihnen auch die ununterbrochenste Einsamkeit nicht lästig wird. Aber Kinder, Knaben und Jünglinge sowohl als Mädchen von allerley Alter, dürfen sich nicht in sich selbst zurückziehn, ehe sie Begriffe und Erfahrungen genug gesammelt haben. Die Natur selbst sagt dies ihnen und ihren Vorgesetzten. Sie werden schüchtern, unbiegsam, lästig, wenn sie dann zuweilen die Gesellschaft nicht vermeiden können. Sie lernen die Kabale der Welt nicht kennen, und werden in der Folge, wenn sie nunmehr ohne Aufseher, und sich selbst überlassen sind, öfters betrogen. Sie verrichten ihre aufgegebnen Arbeiten nur mechanisch, ja mit Mißvergnügen, wenn sie besonders von Natur gesellig sind, und, nach erholender Unterhaltung mit andern Kindern sich sehnen. Sie möchten ihre Gefühle, ihre Urtheile gern jemand mittheilen, aber es bleibt alles in ihrem un-

entwickel-

entwickelten Geiste verschlossen. O unerhörte Grau-
samkeit, daß man jungen Leuten die Geselligkeit
rauben will, jene Erhöhung der Freuden, jenen Trost
in Leiden, jenen Vorschmack des Himmels! Laßt
Kinder vertrauliche Spiele untereinander beginnen!
Laßt Knaben und Mädchen gesellig und fröhlich seyn,
und gemeinschaftlich in der Natur für sie neue Entdeckungen machen. Laßt auch bey dem kommenden
Jünglingsalter eure Kinder sich einträchtig freuen,
Hand in Hand ernstere Pfade beginnen, und Pflichten der Sittlichkeit lernen. Auch trennt die Geschlechter nicht. Der Jüngling, der nie mit Mädchen
umgieng, das Mädchen, das nie mit Jünglingen
umgieng, beyde werden gemeiniglich zügellos, wenn
sie in ihre Freyheit kommen. Der Trieb der Natur,
der so lange schlafen muste, erwacht mit Allmacht.
Aber wenn wir den Umgang mit dem andern Geschlecht nach und nach gewohnt werden, so wird er
uns weniger gefährlich seyn; wie denn überhaupt
alle Dinge, die wir immer um uns haben, weit min-
dern Eindruck auf uns machen, als diejenigen, welche wir Anfangs entbehren musten, und sie zu genüssen auf einmal fähig werden. Daß die Freyheit im
geselligen Umgange nicht zu weit ausgedehnt werden
müste, versteht sich von selbst. Verschwendung,
Müßiggang, Versäumniß der Geschäfte sind Folgen
zu großer Geselligkeit. Eine gutgewählte Mittelstraße
wird, wie in allen Dingen, auch hier die glücklichste
Wahl seyn.

Kinder

Kinder sind Pfänder der Liebe, die Zeugen unsers Daseyns, der Stoff unsrer Freuden und das Ziel unsrer Wünsche, der Stolz und der Trost unsers Alters. Wir sind ihnen daher nicht nur alle Aufmerksamkeit, sondern auch Aufopferung schuldig. Wir müssen einen Theil unsers Vermögens an sie wenden. Es ist wahres Verbrechen, wenn wir alle Einkünfte auf Pracht und Vergnügungen wenden, und dabey nothwendige Ausgaben zur Erziehung unsrer Kinder verabsäumen. Gleichwohl ist dies Verbrechen sehr gemein. Man ist zufrieden, für die nöthigsten Bedürfnisse der Kinder gesorgt zu haben, ohne an ihre feinre Ausbildung zu denken. Wie viel junge Leute, die im Begrif sind, ihr künftiges Glück zu gründen, bedauern, daß sie keine lebendige Sprachen, keine Musik, keine andre bildende Künste gelernt haben! Und wie viel Mädchen würden vortheilhaftere Parthieen thun, würden beßre Gesellschafterinnen ihrer Männer seyn, ja sich selbst mehr Aufheiterung des Geistes verschaffen können, wenn man sie in den ersten Grundsätzen der Weisheit, in bildenden Künsten und in feinern weiblichen Arbeiten unterrichtet hätte! Oft wird auch noch über dieses sogar das verabsäumt, was zur höchsten Nothdurft erlernt werden sollte. Es giebt solcher traurigen Beyspiele unzählige. Kinder wohlhabender Eltern bleiben nicht selten aus Verabsäumung Dummköpfe, und werden dann, wenn das Vermögen verschwindet, nach dem Tode der Eltern Bettler, die dem
Staat

Staate zur Last fallen. Und gesetzt, daß solche nachläßig erzogne Kinder von den Eltern noch einiges Vermögen erben, so können sie es nicht also genüßen, wie sie es bey aufgeklärten Köpfen genossen haben würden, auch sind sie, ob sie schon dem Staate nicht zur Last fallen, doch tod für denselben. Spart daher nichts, rechtschafne Eltern, eure Kinder dem Throne der Weißheit und der Kenntniß zu nähern. Wendet was in euern Kräften steht an sie, in den Jahren, wo die Seele im Zeitpunct ihrer Entwicklung begriffen ist. Entbehrt lieber einige Vergnügungen oder Bequemlichkeiten, um diejenigen, denen ihr auf eignem Antrieb das Leben gabet, nicht in Dürftigkeit des Geistes und Mangel an Kenntniß nach euerm Tode zurück zu lassen.

Stiefkinder müssen eurer Aufmerksamkeit fast so würdig geschätzt werden, als eigne. Indem ihr an die Stelle ihrer verlornen Eltern tretet, so macht ihr euch anheischig, für sie zu sorgen, und sie haben mit Recht auf eure Sorgfalt und Unterstützung Anspruch zu machen. Es ist dieserwegen nicht nöthig, daß eure rechten Kinder daneben verlieren. Eine kluge Einrichtung wird euch fähig machen, ihnen in Gesellschaft mit euern Kindern den nehmlichen Unterricht, welchen diese genüßen, zu schenken. Ihr werdet mit leichter Mühe über beyderley Kinder eine gleich aufmerksame Aufsicht führen können, wobey ihr euch aber sehr in Acht nehmen müsset, daß ihr nicht der Partheylichkeit Raum gebet, welche einem moralisch guten Character völlig zuwider ist. Bedenkt, wie viel die armen Kinder verloren haben. Fühlt das Unglück, welches sie betroffen, und faßt den großmüthigen Entschluß, den göttlicher Segen belohnen wird, daß ihr ihren Verlust, so viel in euern Kräften stehet, ersetzen wollet. Sie sind unmündig, wie eure Kinder, mithin der nehmlichen Vorsorge bedärftig. Ohne euern Beystand

stand würden, sie elend, verlassen, dem Staate lästig, vielleicht Verbrecher werden.

Noch muß ich öffentlich mein Mitleid bekennen, welches ich mit Schullehrern und Pädagogen habe. Sie haben warrlich den sauersten Bissen Brodt, und ihnen wird am wenigsten gedanket. Wer nur je auf zahlreiche Familien Achtung gegeben, der wird wissen, was solche junge Wildfänge zu schaffen machen. Daher ist ein Hausinformator, der die Kinder Tag und Nacht um sich haben muß, gewiß das geplagteste Geschöpf unter der Sonne. Er lebt in einem ewigen Aergerniß. Dabey muß er sich noch wohl von den Hausmüttern ja sogar von Kindermuhmen und Bedienungen unaufhörlich Gesetze vorschreiben lassen. Denwohngeachtet ist sein Lohn sehr dürftig, die Achtung klein, und der Dank fehlt gemeiniglich ganz. Ueberhaupt wird der nützlichste Unterricht junger Leute eben am schlechtesten bezahlt. Wenn der Tanzmeister für die Stunde 12 Groschen bekommt, so ist für den Lehrer der Religion, der Weißheit und der guten Sitten noch vielleicht zwey Groschen zu viel. Schullehrer sowohl, als Instructors müssen bey Männern von beträchtlichen Einkünften für den geringsten Preiß unterrichten, und sich noch glücklich schätzen. Bediente und Hausknechte werden oft noch einmal so stark besoldet. Welche widersinnige Dinge in unsern aufgeklärten und lehrbegierigen Zeiten!

Zehntes Kapitel.
Spätre Jahre der Ehe.

Das Leben schuselt auf Flügeln dahin, ein Jahr verdrängt das andre, und der Strom der Zeiten
reiß

reißt uns mit sich von dannen. Wir erblicken die
Gegenstände nach und nach aus einem andern Ge-
sichtspuncte. Unsre Verhältnisse werden verändert,
unsre Neigungen umgestimmt, unsre Reitzbarkeit
wird vermindert. So ists auch im Stande der Ehe.
Das zwanzigste Jahr in derselben deucht uns anders zu seyn, als das erste und zehnte, und das
dreyßigste wieder anders als jene. Wir werden
nach gerade ernsthafter, weniger theilnehmend für
die Freuden, sehnsuchtsvoller nach Ruhe. Gatten
erinnern sich der vielen Leiden, die sie Hand in
Hand erfahren haben. Dies verursacht, daß sie nicht
mehr so belebt von Hofnungen sind, wie junge
Vermählte. Sie erinnern sich ferner auch an die
miteinander genoßnen Freuden, und dies überzeugt
sie lebhaft von der Vergänglichkeit alles dessen, was
uns werth ist. Das Feuer der Zärtlichkeit ist nicht
erloschen, es brennt nur mit einer langsamern und
stillern Flamme. Die allumfassende Glut ist dahin. Aber endlich, wenn die grauen Haare sich mel-
den, bekommt es eine andre Gestalt, und gleicht
dem Feuer der Freundschaft, welches stets in seiner
Nachbarschaft loderte. Alle Verhältnisse werden
anders. Der Umgang mit andern Personen wird
seltner. Gatte und Gattin ziehn sich mehr in sich
selbst zurück, als vorhin, sie werden weniger in der
Gesellschaft vermißt, auch sind nach und nach viele
ihrer Freunde abgestorben. Sie bereiten sich einträchtig, auch den allgemeinen Weg der Sterbli-
chen zu gehen, und der Tod entreißt sie endlich den
Fesseln eines müden Lebens.

Dies Gemälde stimmt den Geist zu einer sanften Wehmuth. Aber es sollts auch, denn unsre
irrdischen Gefühle finden allemal etwas trauriges
im verblühen. Daher muß' ich dieser unvermeidlichen Traurigkeit übereinstimmend begegnen. Allein auch die spätern Jahre der Ehe sowohl, als das

Alter,

Alter, gewähren ein nicht geringes Maaß von Freude. Gatten lernen sich immer mehr kennen, und kleine Fehler einander übersehen. Sie haben das Vergnügen, sich einträchtig an das zu erinnern, was hinter ihren Rücken ist. Denn wir freun uns gern der überstandenen Gefahren, und gedenken mit Nachgefühl an genossene Freuden. Sie sehn ferner die Früchte von ihrer Ordnung und von ihrem Fleiße. Sie fangen an, den Lohn für die Sorgfalt in der Erziehung ihrer Kinder zu erndten, und dieser Lohn wird in noch spätern Jahren vollkommen. Sie nähern sich dem Ruhme eines gut angewendeten Lebens. Ist es ihr Loos, daß sie unter der Last der Dürftigkeit seufzen müssen, so deuchten ihnen zwar die immer noch mühsamen Jahre sehr beschwerlich, aber sie fangen auch an, gleichgültiger auf die Güter der Erde zu blicken, und ihre Wünsche werden kleinzähliger. Wenn dann endlich die Bahn gröstentheils durchlaufen ist, und das Ziel sich nähert, so sehn sie dem Augenblicke der Trennung, mit mehrerer Gelassenheit entgegen, als sie in den Jahren der Jugend gethan haben würden, und sind der baldigen Wiedervereinigung versichert. Auch können sie, wofern nur Tugend und Rechtschaffenheit ihre Pfade bezeichnet, mit stolzer Ruhe in die verlebten Tage zurück blicken, und den Tod, umringt von Kindern und Enkeln, als den Vollender ihrer Laufbahn erwarten! — Doch, wenn eins dem andern lange vorangeht, wenn vielleicht schon im blühendsten Alter der unbarmherzige Tod Trennungen anrichtet, o dies ist ein hartes, ein nie zu vergessendes Loos! — Ich eile, um im folgenden Kapitel über diesen Gegenstand ein paar Worte zu sagen.

Eilftes

Eilftes Kapitel.
Krankheiten und Tod.

Bisher hab' ich in einer Art von geschichtlicher Ordnung von den vornehmsten Eigenschaften geredet, welche nach der Reihe in den ehelichen Stand verwebt sind. Nunmehr ist mir noch etwas übrig, welches nicht in festgesetzten noch in gewöhnlichen Perioden sich ereignet, sondern zu allen Zeiten, in jedem Augenblick erfolgen kann, welches weder Jugend, noch mittleres Alter noch Greißalter verschonet. Die Krankheit ists, und der Tod, jene grausamen Feinde ehelicher Freuden. Schon ihr Andenken erschüttert meine Seele. Sey mir, Gedanke an sie, mit Thränen gegrüßet!

Wenn in den ersten Jahren der Verbindung die Gefahr der Krankheit den Gatten oder die Gattin umschwebt, so ist die Theilnehmung des Andern grenzenlos. Er fühlt unaussprechliche Schmerzen, die seinen Geist eben so sehr foltern, als den leidenden Theil die Krankheit selbst. Und wie könnten wir auch in diesem Falle Trost und Ruhe fassen? Wir wissen, daß der Tod stets im Hinterhalte lauert, daß er oft schnell hereinbricht. Wir fürchten ihn daher nicht ohne Grund, und zugleich alle seine traurige Folgen. Der junge Gatte ist in Gefahr, seine Vertraute, die Versorgerin seiner Oeconomie, seine Erhohlung nach Geschäften, sein süßestes Kleinod, den Gegenstand ja die Erhöhung aller seiner Freuden zu verlieren! Und die Gattin — o wer vermag ihren Jammer zu schildern, wenn sie ihn dort liegen sieht in der Gefahr des Todes, ihren Versorger, ihren Führer, ihren Stolz, den Geber ihrer

ihrer Freuden, den Tröster und Theilnehmer ihrer Beschwerden! — In diesen Augenblicken ist uns die Welt zu enge. Wir genüßen kein Fünkchen Schlaf, unser Mund ist der Speise verschlossen, und öfnet sich nur halblauten Seufzern, unsre Geschäften bleiben liegen, oder werden mit äuserster Zerstreuung verrichtet. Unsre Augen hangen an den Mienen, an den Lippen des Arztes, und wo nicht göttlicher Trost unsrer Wehmuth Grenzen setzet, so sind wir der Verzweiflung nahe. Was hören wir auf die Stimme der christlichen Sittenlehre! Der Schmerz besiegt unsern Verstand, unsre Beurtheilung. — Aber süßer ist auch nach überstandnen Gefahren die wiederauflebende Hofnung. Eine nahmlose Wonne durchglüht unsre Nerven, und die Kummerthränen weichen den Thränen freudiger Wehmuth. Es ist ein himmlischer Anblick, treuliebende Gatten nach würklich besiegter Gefahr der Krankheit sich wieder umarmen zu sehen. Vorschmack der Seligkeit thront in ihren sprechenden Blicken, und auf ihren Stirnen Begierde des Dankes! — Doch wenn die Gefahr immer sichtlicher wird, menschliche Hülfe verschwindet, und der Tod den letzten Schlag vollendet, dann flieht alle Fassung, oft selbst das eigne Bewustseyn aus der Seele des Zurückbleibenden. Er zürnt mit dem Tode, er klaget die Umstehenden an, er beschuldigt den Arzt, er erkühnt sich sogar, mit murrenden Augen gen Himmel zu blicken. O vergebt ihm dies, meine Brüder und Schwestern! Es ist die schrecklichste Trennung, wenn die Gattin dem Gatten, der Gatte der Gattin in der Blüte der Jahre dahinstirbt. Kein Schmerz kommt diesem gleich. Er füllt die Seele mit Rettungsbegierde, und weil Rettung unmöglich war, so bemeistert sich Verzweiflung des armen Verlaßnen.

Gleich

Gleich groß ist der Schmerz für Verlobte, wenn der Tod sie trennet. Voll feuriger Hofnungen, sich bald vereint zu sehen, und Hand in Hand vertraulich durchs Leben zu wallen, harrten sie der Stunde ihrer ewigen Vereinigung. Aber der Tod kommt, vernichtet ihre Hofnungen, reißt sie unbarmherzig auseinander, und — verschwunden sind alle der Erfüllung so nahe Träume von ehelicher Glückseligkeit. Welch ein bittres Loos! Kann der Menschenfreund ohne die tiefste Rührung und Mitempfindung es sehen.

Aber wie muß dem Manne zu Muthe seyn, der seine Frau in Kindesnöthen verlieret? wird er sich nicht selbst anklagen, als hätte er Theil an diesem Tode? Werden ihm nicht eheliche Freuden gefährliche Thorheiten deuchten? Irre dich nicht, Unglücklicher, und vergrößre nicht dein Leiden durch diesen Wahn? Dies Loos ist Weißheit Vorsehung, nicht dein Verschulden! Folgt auf eheliche Freuden immer diese Scene? Und hangt nicht dies traurige Verhängniß von widrigen Nebenumständen ab, keines Weges von dem Werke der Erzeugung selbst? — Und wie erhaben verläßt nicht gemeiniglich die werdende Mutter dies Leben! Gewiß, ich hab' es oft bemerket, daß Mütter, die in Kindesnöthen starben, mit einer gewissen Größe der Seele aus der Welt gehen. Sie fühlen die Würde dieses Augenblicks, und opfern sich williger der Geburt eines neuen Menschen auf, als jeder andern Krankheit. Oft sah ichs, wie sie den Zeugen ihrer Liebe neben sich legen ließen, und dann mit erhabnen Lächeln verschieden. Doch, wenn auch die Frucht verloren gehet, o dann ist das Schicksal eines der traurigsten! Dann stirbt mit schwererm Herzen die Gebährerin, und dem Wittwer bleibt kein Trost, keine wehmüthig süße Erinnerung an die verlorne Freunbin zurück. Ihm ist es beschieden, zu sehen, wie Gattin und Pfand der Liebe ins Grab sinkt.

Auch in den spätern Jahren der Ehe, wo jedoch das Greißalter noch fern ist, macht uns Krankheit des Gatten gerechten Kummer. Der Tod droht uns mannigfaltigen Verlust, im Umgange, in der Oeconomie, in der Erziehung der Kinder, in hundert andern Dingen. Erfolgt er würklich, so werden wir ihn zwar mit einer gemäßigtern Traurigkeit empfangen, aber unser Schmerz wird heimlich nicht minder quälend seyn. Kältre Jahre lehren uns, daß alles Murren fruchtlos ist, aber dieser Trost ist noch nicht zureichend für unsre leidende Herzen.

Noch gelaßner erträgt der Greiß den Tod des Gatten. Zwar, seine Krankheit entpreßt ihm Mitleid und Wehmuth die Fülle, und es kränkt ihn, daß die matten Kräfte des Alters ihm nicht mehr die Abwartung erlauben, die er ihm so gern geleistet hätte. Aber er kennt aus großer Erfahrung zu genau die Rechte der Natur, hat oft an eine wahrscheinliche Trennung gedacht, sich oft darauf vorbereitet, und da sie nun kommt, so tröstet er seine Seele mit der Hofnung des baldigen Wiedersehens. Er segnet den Scheidenden, drückt ihm verstummend die Augen zu, und seufzt nach Erlösung.

Ihr seht, meine Freunde, daß ich die Empfindungen der Treue bey Krankheit und Tod Verbundener von Seiten der Herzensgüte und des edeln Characters geschildert habe. Allerdings aber giebt es auch oft bey ähnlichen Todesfällen Leichtsinn und Gleichgültigkeit. Doch, immer fließen diese Unarten aus eigennützigen Quellen, und ihre Ursachen sind so mannigfaltig, daß mir Zeit und Raum nicht verstattet, mich weiter dabey aufzuhalten.

Eine neue Scene des Jammers ist nach dem Tode das Begräbniß. So rührend auch immer

diese

diese letzte Feyerlichkeit ist, so deucht es mir doch, daß wir in den meisten Orten damit zuviel Weitläuftigkeit treiben. Die dabey übliche Pracht ist zwecklos, schwächt die Verlassenschaft, und stürzt die Seele des Wittwers oder der Wittwe noch einmal in die schrecklichste Wehmuth. Es sey ferne von mir, alle Leichenbegleitungen zu tadeln. Es kommt mir vielmehr tadelwerth vor, und zeugt von großem Leichtsinn, daß in verschiednen großen Städten die Leichenwagen, ohne die mindeste Begleitung von Verwandten, zwischen Festlichen Kutschen einher durch die Straßen jagen. Auch table ich, daß die Mode an einigen Orten alle Frauenzimmer von der Leichenbegleitung ausschließt, mithin nicht einmal Gattinnen ihre Gatten dürfen zu Grabe bringen helfen. Allein ich kann es auch nicht billigen, wenn man mehr denn hundert Personen zusammen sprengt, die kostbar geputzte Leiche in prachtvolle Grüfte setzt, die Glocken läutet u. s. w. Besonders ist nichts abgeschmackter, als die in kleinen Städten eingeführten Leichenreden. Solch ein lügenhafter Panegyricus beschämt mehr, als er erhebt. Da wird dem Todten angedichtet, daß er ganz fehlerlos gewesen sey. Da werden seine Thaten und Vorzüge herausgestrichen, gleich als könnte dies ihm jetzt noch zu Nutz und Frommen gereichen. Kurz, diese Reden sind überflüßig und tadelwerth, welches ich dem Manne mit Vernunft wohl nicht erst mit Gründen beweisen darf. Dies aber muß ich doch noch erinnern, daß jene Gewohnheit, sich vor dem Einsenken nochmals über den Todten hinzulegen, ihn häufig zu küßen, u. s. w. welche von leidtragenden Wittwern und Wittwen vorzüglich oft ausgeübet wird, höchst schädlich und thörigt sey. So sehr ich geneigt bin, jeden Ausdruck des Schmerzes zu entschuldigen, so ist doch dies wider alle Regeln der Klugheit. Wie vielmal sind nicht Krank-

heiten

heiten durch diese unvorsichtige Gewohnheit in einzelnen Familien epidemisch geworden!

Die Trauer der Seele durch schwarze Kleidung auszudrücken, ist zwar eine sehr entbehrliche Ceremonie. Allein es liegt doch auch würklich eine gewisse wehmüthig süße Empfindung in dem Gedanken, für der Welt zu bekennen, daß man eine werthe Person verloren hat. Wie viel geneigter wird daher unser Herz seyn, den Gatten oder die Gattin öffentlich zu betrauern. Uebersteigt es nicht das Vermögen, so kann ich diese unschuldige Gewohnheit nicht mißbilligen, wie viele mit Unempfindlichkeit prahlende Philosophen gethan haben. Nur Schade, daß sie so oft gemißbraucht und zur schändlichen Heucheley herabgewürdiget wird!

Es giebt ein Etwas in der Welt, welches nicht selten kräftiger als alle geistliche und philosophische Gründe Gatten über den Verlust der Gatten tröstet. Dies kommt vermuthlich daher, weil es etwas sinnliches ist, und sinnliche Dinge auf die mehrsten Menschen specific würken. Ich meyne nehmlich eine ansehnliche Verlassenschaft des oder der Verstorbnen. Sich davon, oder wenigstens von einem guten Theile desselben Herr zu wissen, trocknet Thränen, giebt verlorne Ruhe zurück, stärkt die durch Kummer um die Genesung geschwächten Kräfte wieder. Du siehst so manche junge Wittwe, die mit ihrem Gemahl zufrieden, glücklich, in der zärtlichsten Eintracht lebte, die bey seinem Tode aus wahrem ungeheucheltem Schmerze sehr viel duldete, die aber, als sie sich nebst ihren Kindern, oder auch allein, in dem Besitz eines großen Vermögens sahe, in kurzem wieder auflebte, den Verstorbnen vergaß, und entweder noch in der Trauer schon wieder auf Eroberungen ausgieng, oder ihre Freyheit um eine Krone nicht vertauschen würde. Auch wirst du finden, wie so mancher frischer Wittwer

wer nach roßigten Mädchen schielet, und ihnen seine Rittergüter oder andres Vermögen ins Auge strahlet, die er von seiner vor einigen Monathen verstorbnen liebenswürdigen Gattin geerbt hat. Nichts wird überhaupt so geschwind vergessen, als Menschen, wenn ihr Tod uns sinnliche Vortheile verschafte. Wir setzen ihnen Mausolden, die wir aber jahrelang nicht ansehen, ja wir fliehen wohl gar den Kirchhof, um uns durch den Anblick derselben nicht mißlaunig zu machen. So weit geht der Leichtsinn der Menschen. Zuweilen ist zwar selbst dieser eine Wohlthat für uns; aber in den jetzt genannten Fällen, welche jedoch so häufig nicht vorkommen, ist er in seiner Ausartung, und zeugt von einem sehr Verderbungsfähigem Herzen. Es ist Thorheit und Pflichtverletzung, durch übermäßige Traurigkeit Selbstmörder zu werden, aber auch kindisch, faselnd, Schmetterlingsartig, ja niederträchtig, von dem Grabe geliebter Personen heulend und ungebärdig hinwegzugehen, und nach einigen Wochen ausgelassen auf Tanzsäle zu hüpfen, oder mit Goldstücken lachend zu spielen, die uns ihre schwersterbende Hand reichte.

Ehegatten erfahren auch nicht selten den Kummer, daß ihnen geliebte Kinder sterben. Dies ist äuserst oft der Fall, da die Anzahl der jährlich sterbenden Kinder immer beträchtlich ist. Das Betragen der Eltern bey dergleichen Todesfällen ist sehr verschieden. Einige sind so gleichgültig dabey, als ob man ihnen einen Spiegel oder ein andres Geräthe zerbräche. Andre treiben den Schmerz und seine Auslassung so weit, daß selbst der Mann mit natürlicher Religion, geschweige der Christ, erstaunen müßte, einen Rasenden zu sehn, welcher erstlich an der Wiege oder am Bette seines sterbenden Kindes betend kniet, und wenn er sieht, daß es vollbracht ist, mit einem Eselsgeheul auffährt, mit den

Aermen

Aermen um sich herum wirft, die Wände bestürmt, sich dann das Haar ausraufet, auf der Erde windet, und Gott anklagt. Nicht selten begehn Eltern solche Thorheiten, am meisten Väter; Denn ob es schon gewiß ist, daß Mütter überhaupt trauriger bey Todesfallen der Kinder sind, als Väter, so toben sie doch selten so mächtig. Ihr Schmerz ist stille Wehmuth, und ihr Trost die Erinnerung, daß sie durch sorgfältige Abwartung dem vollendetem Kinde alle nur mögliche Erleichterung und Erquickung verschaft haben. Sehr selten aber treffen überhaupt Eltern in dergleichen Trauerfällen den glücklichen Mittelweg. Wer wollte nicht mit ihnen weinen, wenn ihre Thränen aus schmachtenden Augen strömend in ihren Schooß fließen? Aber ihre Kälte zeigt uns Unempfindlichkeit und ihre tobende Wuth Mangel an Selbstbeherrschung und Entehrung der Gottheit.

Wenn aber Eltern, die ihre Kinder in spätern Jahren verlieren, betrübter sind, als die Eltern sehr frühzeitig gestorbener Kinder, wenn jene weit später und schwerer den Verlust vergessen, als diese, so ist dies der Natur der Sache angemessen und nicht unbillig. Den Kleinen kennen wir noch nicht. Er konnte vielleicht unsre Plage, vielleicht ein Taugenichts werden, auch hat die Kürze seiner Gegenwart uns noch nicht so lebhaft an ihn gefesselt. Aber wenn seine Geistesfähigkeiten sich schon entwickeln, oder wohl gar schon auf einer glänzenden Höhe thronen, wenn sein Character in einem Falle schon viel verspricht, im andern schon leistet, Gott, welch ein Jammer ist es da nicht, solche theure Pfänder der Liebe in die Gruft senken zu sehen!

Auch schon bey dem Krankenbette giebt es mancherley im Schwange gehende Fehler der Eltern. Es ist sehr thörigt, bey Kinderkrankheiten sogleich aus aller Fassung zu kommen, da Kinder überhaupt

sehr

sehr vielen Krankheiten nothwendig unterworfen
seyn müssen. Man heult und schreyt bey jedem
Krankheitsanfalle, als ob sie schon in den Klauen
des Todes wären, ehe sie noch würklich gefährlich
sind. Dabey werden sie verzärtelt, weichlich gemacht, und dies hat dann auf ihr künftiges Betragen sehr wichtigen Einfluß. Ein entgegengesetzter
Fehler ist auch hier wieder die Nachläßigkeit. Man
macht oft zu wenig aus Kinderkrankheiten, man
behandelt sie mit unschicklichen Hausmitteln, oder
läßt sie durch Afterärzte mördern; gleich als er-
forderten ihre Körper, weil sie klein sind, nicht eben
so gut, als Erwachsene, die Ueberlegung und
Hülfe des vernünftigen Arztes. Durch diese Dinge wird oft der Grund zu Krankheiten und Schwäch-
lichkeiten in spätern Jahren, ja nicht selten auch
zur Beschleunigung des frühen Todes gelegt. Und
wenn dieser nun erfolgt, so quälen die Eltern einander mit wechselseitigen Vorwürfen, die ihre Ehe
verbittern, und die begangnen Fehler doch nicht
wieder gut machen. Es ist nichts unangenehmer
anzuhören, als wenn Eltern am Sterbebette des
Kindes einander mit Vorwürfen der zu wenigen
Liebe und der Vernachläßigung foltern.

Ich hatte diese Gedanken von den Krankheiten
der Kinder, im Kapitel von der Erziehung aus der
Acht gelassen. Doch fand ich es pflichtmäßig, sie
noch zu berühren, und hoffe, daß sie hier auch nicht
an einem ganz unschicklichen Orte stehn werden.

Zwölftes Kapitel.
Schlußerinnerung.

Bald werd' ich schweigen, liebe Leser, und euch, nach vollbrachter Arbeit, das Urtheil überlassen. Zwar wären mir noch einige Gegenstände zurück. Ich könnte noch mein Müthlein kühlen an den ungleichen Verheyrathungen, wie so mancher junger Laffe an der ehelichen Seite einer grauen Matrone wandelt, oder wie mancher alte Geck ein paradiesisches Mädchen zum Traualtar führet; wie mancher Edelmann oder Hofrath den Schneider Schwiegerpapa nennt; wie manches Bettelmädchen gnäd'ge Frau auf reichen Rittergütern, und mancher armer Schuhputzer Gemahl einer reichen Dame, und durch ihr Geld Kammer- oder Kommerzienrath wird u. s. w. Aber theils bin ich diesen Dingen im ersten Theile meines Buches schon einigermaaßen begegnet, theils ist die Sache zu trivial, abgedroschen, und durch ihr häufiges Vorkommen so bekannt, daß ich, ob sie schon einen sehr reichhaltigen Stoff geben würde, sie zu berühren keinen Beruf in mir empfinde. Von den vielfältigen Verheyrathungen zu reden, deucht mir ebenfalls eine sehr kützliche Sache zu seyn. Sie haben so viel vor sich und wider sich, daß ich mit einer ängstlichen Genauigkeit alle Gründe auseinander setzen, die Grenzen meines Raums überschreiten, dem Leser lange Weile machen, und am Ende doch bekennen müßte, es könne in dieser Sache eben so oft eine andre Regel gegeben werden, als vielfältig die Verhältnisse, Umstände und die Lage desjenigen sind, der sich mehrmals verheyrathet. Es giebt sehr viele, die besser thaten, wenn sie Wittwer oder Wittwen blieben, aber auch nicht wenige, die es nicht bleiben können, oder Thoren sind, wenn sie es bleiben. Daher übergehe ich diese zwey Gegenstände mit Stillschweigen, und nehme von diesen Blättern Abschied. Gehet dann hin in alle Welt, zu predigen Wahrheit, und zu erndten Verfolgung. Laßt euch nichts stören, weder zur Rechten noch zur Linken. Und zeigt man euch Flecken, so sagt, daß sie vielleicht von zu vielen Geschäften und daher entstandner Eilfertigkeit des Verfassers herrührten, welche wo nicht Entschuldigung doch wenigstens Nachsicht und Verzeihung verdienet. Ihr aber, edle Geister, die ihr mit Aufmerksamkeit durch die Welt wandelt, und nicht, wie die Metaphysiker, alles angafft, ohn' es zu sehen, ergreift mit mir den Becher voll rheinischen Nectars! Lasset uns anstoßen, und laut rufen: Es lebe die Wahrheit.

Inhalt

Inhalt
des ersten Theils.

Kap. 1. Von der Liebe überhaupt. S. 9
— 2. Die Geschlechtsliebe ist eigentlich nur ein Werk der Sinne. 13
— 3. Romanhafte Liebe. 29
— 4. Ritterliebe. 39
— 5. Theaterliebe. 41
— 6. Klosterliebe. 53
— 7. Soldatenliebe. 63
— 8. Fürsten- und Hofliebe. 83
— 9. Ländliche Liebe. 89
— 10. Greisliebe. 100
— 11. Gefängniß- und Lazarethliebe. 111
— 12. Verbotne Liebe. 113
— 13. Von der Verführung in der Liebe. 121
— 14. Von dem Einflusse der Liebe auf die Gesundheit. 127
— 15. Erlaubte und tugendhafte Liebe. 133

Inhalt
des zweyten Theils.

Kap. 1. Von der Ehe überhaupt. S. 143
— 2. Verlobungen. 151
— 3. Trauung und Hochzeit. 156
— 4. Etliche moralische und häusliche Pflichten der Ehegatten. 163
— 5. Untreue. 180
— 6. Eyfersucht. 186
— 7. Schwangerschaften. 198
— 8. Wochenbetten. 219
— 9. Erziehung der Kinder. 227
— 10. Spätre Jahre der Ehe. 242
— 11. Krankheiten und Tod. 245
— 12. Schlußerinnerung. 254

www.ingramcontent.com/pod-product-compliance
Lightning Source LLC
Chambersburg PA
CBHW020757230426
43666CB00007B/729